向山洋一からの聞き書き・第1集

――セミナー、講演、会議、懇親会――
2011年

向山洋一
根本正雄

学芸を未来に伝える
学芸みらい社
GAKUGEI MIRAISHA

聞き書き集の意味

本書は、会議・セミナー等における私（向山洋一）の発言を、根本正雄先生が速記した「聞き書き」集である。

根本氏は、私の発言を記録していくことを、自分の大切な仕事とされている。

この「聞き書き」集は、その都度ＳＮＳ・メールなどで発信されており、全国の多くの教師に読まれている。

その「聞き書き」をまとめて本に収録したものである。

ここで、大切なことをお断りしなければならない。

本書の内容は「テープ起こし」ではないということである。

あくまで、その場で筆記具を走らせた「聞き書き」である。

内容の正確さでいえば、「八割前後が正しい」という印象である。

私は、あえて、それを本にすることを了承した。

その理由は、次の通りである。

第一に、この「聞き書き」は、即座に全国に発信され、「生きて動いた情報である」ということである。

一つの生命をもって、動いているのである。

第二に、もし「正確にするため」、「テープ起こし」などの方法をとったら、このような多くの情報は発信できなかったということである。

もし、「テープ起こし」のような、多大な時間のかかることなら、私はそのことをしなかった。

労力や費用がかかり、しかも、発信は1週間後ぐらいになったであろう。

しかも、すべての会議での発言を「発信する」ことは、不可能であったと思える。

第三に、この「聞き書き」は、みんなの役に立ってきたという事実である。

主なことは、ほぼ正確に伝えられているからである。

第四に、悪趣味だが、いつの日か、いくつかをとりあげて、どのように「聞き書き」と発言が違っていたかを検証したいと思ったことである。

「重要な情報の伝わり方」という点で、大きな意味をもつと思ったのである。

何はともあれ、根本先生の「聞き書き」作成の情熱は、すごかった。

ただただ、感謝の心でいっぱいである。

根本先生がいたからこそ、ＴＯＳＳの活動における向山の発言が残されることになったのである。

日本一の大きな教育研究団体の活動が記録されたのである。

多くの先生方の参考になればと思う。

二〇一三年六月

ＴＯＳＳ代表　**向山洋一**

目次

第3章 2011年 夏 61

第4章　2011年 秋 117

第1章

2011年　冬

箱根合宿　開会挨拶

1　1月　箱根合宿開会にあたって

(1) 格調の高い、方針内容　2011年1月10日

1月8日、9日とTOSS箱根合宿2011が開かれた。学生から退職した教師まで600人を超す参加者があり、熱気に包まれた合宿であった。

テーマは「セルフ・エステームを育てる国語・算数学習、まちづくり活動」である。講座はいずれも充実した内容であった。夜のパーティー、分科会、ブレインストーミングと密度の濃い二日間であった。

向山先生の人材育成のシステムを勉強させていただいた。パワーに溢れた、エネルギッシュな活動が、見事にシステム化されていた。合宿の組み立て、人と人との出会いを共有するイベントづくりと多種に亘って展開された。

その中で、各年代の教師がそれぞれの立場で学べるように組み立てられ、参加した教師がそれぞれの立場で満足するようにシステム化されていた。ここ4年間、毎年参加しているが、年々活性化されている。TOSSの仲間の絆がしっかりと結ばれ、世代間の交流がなされていた。

合宿1日目の向山洋一先生の「箱根合宿開会にあたって」の概略を報告する。格調の高い、方針が述べられた。

全国各地よりようこそおいでいただきました。本日のテーマは発達障害児の子どもの指導をメーンにして、講座、分科会、社会貢献活動の提案がなされます。

どの学校、どの学級でも昔の大家族、地域社会力が著しく弱くなり、育てられてきました。その結果、やせ細ってきました。満たされない中で、教育されない中で、自尊感情やセルフ・エステームのない子どもが育っています。人間は、自尊感情、自己肯定感があればやっていけます。自己肯定感を持つには、教えてほめていかなければなりません。ところが教えないで、叱る教育が蔓延しています。発達障害の子どもが出たのは、最初アメリカでした。宿題が出されると、戦闘状態になりました。教えない教育の中で自尊感情が著しく欠如していました。多くの教育、社会貢献活動を通して、一つ一つの活動が子どもを救うのです。

糸木佳奈子

帰ったら、自分の子どもにも気をつけようと思います。箱根では東郷先生と一緒に、根本先生にご挨拶できてとてもうれしかったです。家族を大切にしながら、ＴＯＳＳの活動を続けていきたいと思います。これからもよろしくお願いいたします。

小松和重

根本先生の再現力、いつもすごいです。私はメモが追いつきません。向山先生のお話が蘇ってきました。ありがとうございました。

平山勇輔

このように、格調高い文章に憧れます。ずっと以前から向山先生の講義を聴き、テープ起こしをされてきた根本先生だからなせる業なのですね。また、そのような地道な作業をずっと続けられた先生の精神を学びます。

佐藤泰之

箱根合宿での向山先生の言葉が蘇ってきました。報告ありがとうございます。根本先生のおかげで、再度の学びができます。

（2）発達障がい児の現状と今後　2011年1月10日

発達障がい児の小学校・中学校の9年間、高校3年間、大学4年間、就職をしたあとの問題点と改善点をレポートにしていただきました。

レポートには自分の体験が綴《つづ》られていました。就学時健康診断で何をすべきか、どんな検査をしたらよいのか、発見された子どもは、学校としてどうけとめたらよいのか。

日本の学校は就学時健康診断をやっていません。子どもは無防備でたたかれ、脱走します。長い説教や怒りで指導されます。

障がい児は小学校3年生までにやれば、効果が大きいです。小学校3年生を過ぎると、数十倍大変です。

学校や教師はどういう責任を持ってやっているのか。保護者が、「この子はどこか変なんです」と相談に来ても、「大丈夫です。子どもはこんなものです」と言って一生を台無しにしてしまいます。

根拠を持って言うのならいいのですが、根拠がないと大変なことになってきます。多くの子どもは奈落の底に突き落とされます。

読み書き・計算ができる指導があります。基礎学力を保証するためにどんな努力をしていますか。2年・3年の通過点に、どんなことができればいいのか。吉永先生の学校のような必達目標を掲げた学校は皆無に近いです。2年・3年にそれぞれの責任があります。

中学校に入った子どもに漢字50問テスト、計算50問テストをします。出身校のクラス別に調べ、中学校から小学校の校長に渡してほしい。一発で分かります。中学校も出発点で何をすればよいのかが分かります。

０歳から22歳までやって就職したときに、３か月や６か月で会社を辞めてしまいます。そのあとは何もしない状態です。親は子どもを残して先には死ねない。そういう事例が山ほどあります。責任の一端は、学校の先生にあるのです。

何としてでもよくしていかないといけない。30歳、40歳になっても就職できない。勉強会をやっても30〜40％はやめてしまう。ところがＴＯＳＳで勉強した子どもは、90％残ります。ＴＯＳＳの教え方でやっているとやめないのです。

小林正快

「大丈夫です。子どもはこんなものです」のリップサービスは教師の問題を大きくしたくない、関わりたくないという犯罪行為だと思います。発達障がいを持った子どもも強く愛されなければならないと思います。また、３年生までに発達障がいとわからなかったら数十倍もの努力を要しなければならない。これも心に強くとどめておかなければならないと改めて思いました。

平山勇輔

本日の下野新聞の一面に、実名、顔写真入りでアスペルガーの男の子が載っていました。

下野新聞では、これから発達障がいについての連載が始まります。今日の記事に、「苦手な跳び箱に取り組んだ」の文章がありました。

協応動作の問題が大きく関わっている事例だと思われます。体育の世界から、発達障がい対応の授業づくりが急務だと思いました。

(3) 龍馬君の訴え　2011年1月10日

自立していくことを踏まえて、準備できるような子どもに育てるのです。日本の教育のシステムをつくるのです。発達障がい児をなくしていくために、何をやりたいのかを考えていくのです。

長野県の小学校の子どもが、発達障がい児のことを自由研究にまとめました。たとえば、学校行事をするとパニックになるのです。変化に弱いのです。思いつきでやってはいけないのです。急に変えるとパニックに陥るのです。

「たとえ話は私には分かりません」と書いています。自分で考えられないのです。次のようなことを書いています。

①怒る、どなる、叱るは日常茶飯事である。
②教えずに自分で考えるという。
③できない子どものテストを返さない。
④しつこく注意する。
⑤長い説教、繰り返しの説教が多い。
⑥聞いていないお前が悪い。指導しない。

龍馬君の訴えをまとめた冊子が販売されました。1冊600円、解説を入れて1000円です。あげないで売ってください。あげると読まないのです。売ってください。龍馬君の訴えが、職員室に広がるようにしてください。

すべての先生方に訴えてください。大人になった後も、就職して幸せな家庭をつくるようにしてください。そのための合宿です。多くのところに広がるように郵便局長さん、ＮＰＯの方々に、子どもの幸せを具体的にしたいと訴えてください。私も責任を持ってやっていきたいです。頑張りましょう。

根本正雄

向山洋一先生、龍馬君の記録を具体的にお話しいただきました。子どもの苦しんでいる状態を知ることで、指導が変わっていきます。冊子を多くの教師や保護者に読んでいただき、少しでも生活のしやすい社会をつくっていきたいです。

大野眞輝

根本先生、紹介していただきありがとうございます。先生のダイアリーを読みながら、向山先生の一言一言を思い出しました。龍馬くん、広めるために活動します。

2　2月　中央事務局会議（八重洲倶楽部会議）

(1) 3種類のレポート　2011年2月9日

２月８日、中央事務局会議が開かれた。今回は旗の台の会議室ではなく、東京駅八重洲地下街にある八重洲倶楽部の会議室である。５時40分に着くとすでに向山先生はおいでになっていた。５時45分になるとマイクを持って、資料配付の指示を始められた。

今回は外部の見学者があるため、レポートも3種類に分けて配付されることになった。①まちづくりに関するレポート、②最新の情報に関するレポート、③通常の例会レポートである。

まちづくりに関するレポート、最新の情報に関するレポートの右肩に番号が書かれ、順番に並べられた。それを順にとって歩いた。6時からレポート取りが行われ、6時29分から検討が始まった。最初はC表検定についてのご指導がなされた。

C表検定は学習指導を理解する、対応する内容にする。学習指導案の書き方、教材研究の仕方など全体の構造ができていないといけないとも話された。評価などの定義もはっきりしていて、論理の部分がなければならないともご指導された。

板倉先生からは、「教育課程時数調査の分析」の提案があった。時数の取り方がばらばらであったという報告がされた。授業時数は最大限解釈すべきである。行事の時間数が少ないほうがよい。行事を減らすべきであると20年前から言っていると話された。

近江先生からは、「教科書使用義務」についての提案がされた。すかさず、向山先生から「教科書を使うということはどういうことか書きなさい」という指示が出された。合わせて根拠となる法律、判例も書きなさいとも指示された。近江先生からは、学校教育法34条であると答えがあった。判決文としては、福岡高裁、最高裁の判例が出されていることを、原文を通して確認された。

さらに向山先生は、「教科書でないといけない定義は何か」と聞かれた。原点にあたることの大切さを学ぶことができた。

桜木先生からは、教科書を使用していない学年の先生と比較すると、平均点で10点から15点ちがうという報告がされた。

小貫先生からは、交換授業をしている先生のクラスと平均点が10点違うとも報告された。教科書を使用することの大事さを再認識した。

７時５分、第１部は終了した。10分休憩のあと第２部の最新の情報のレポート検討が開始された。外部の見学者の皆さんもおいでになった。

７時30分から第３部のまちづくりのレポート検討が始まった。本日のメーンである。最初に谷先生から、箱根合宿でのまちづくりレポート集が提案された。いずれもカラー印刷のレポートである。

そのあと、１人ずつ提案をしていった。８時ちょうどに終了した。そのあと、外部見学者の皆さんからご挨拶が１人ずつあった。次回、報告する。

並木孝樹
いつも根本先生のご報告はすばらしいです。向山先生が根本先生の記録のすごさをおっしゃっていました。私のはお恥ずかしい限りです。また、学ばせていただきました。

吉川廣二
会議前、３部構成の会議、C表検定、教育課程時数調査、教科書使用義務、まちづくりのレポート検討。貴重な情報に、圧倒されています。いつも、ありがとうございます。

向山洋一
私、５時15分に入ってました。気合が入っていたのです。レポートを３種に分け、それぞれ通し番号を打たないと、お客さんがとまどうと思ったのです。この作業をどれだけ短くするかが、本日の会議の成功を左右すると思ってました。谷先生たちは5時30分に来てましたから、そのたびに、本日のレポートは3種に分けることを説明して自分のレポートを三つに分けておくように指示してました。この助走が大切なのです。5時55分にはそれぞれのレポート番号を決め、自分のレポートの右上に記入させました、この段階で9割の人が出席していました。その後レポートを番号順に並べ取り始めました。お客の分10セットや遅くなる先生の分も取りました。ところがレポートが足りない人が数人いて全体にまわらないので、その処置もしました。不注意の人がみんなに迷惑をかけるのですね。子どもと同じです。足りなかった人にきつく注意しようと思いましたが、かわいそうなので子ども対応と同じく、何も言いませんでした。このような会議では、仕込み、前準備で半分は決まるのです。

本吉伸行

濃密な会議。これだけ、複数のことを検討して定時に終わる。そのための、段取りの大切さ。本当に勉強になります。

高橋正和

いつもご報告ありがとうございます。教科書使用義務については判決を知りませんでした。調べます。向山先生が言われる「仕込み、前準備で半分は決まる」、心します。

東郷晃

いかに会議の場が貴重であるか改めて学ばせていただきました。何よりも出会いを大切にされる向山先生。そして、貴重なダイアリーをご報告くださった根本先生に本当に感謝申し上げます。

谷和樹

向山先生の会議前半の仕込みを見ることができました。すごかったです。もし、あの準備がなかったら、お客様の手元のレポートは大混乱になったことと思います。5時30分に入ってもまったく遅かったです。

既に机のセッティング等、終了していました。

(2) 外部参加者の皆さんからご挨拶　2011年2月10日

会議終了後、外部参加者の皆さんからご挨拶があった。電通、日本経済新聞社、グーグル、スコープ、行政の方々である。皆さんの共通していたお話は、短時間での会議で情報量が多く圧倒されたということである。

どの方も日本を代表する企業の皆さんだけあり、短い言葉の中に自分の考え、自分の言葉で話されていた。話し方もシャープであり、TOSSの先生方と協力して仕事をしていきたいと結ばれていた。

総務省の椎川局長さんのお話が印象に残った。概略を紹介する。

「教員と行政が連携したい。地域の総合力を高めていく。小中の教師から学んでいきたい。本日の会議は段取りがよく、TOSSの会議を学んでいきたい。

行政の会議はだらだらしている。学校の先生は地域に密着している。日常的に仕事をされている。それを行政にフィードバックしてほしい。委員会に参加されている方々は地域、現場をよく知っている。まちづくりの教育と同時に先生方の知見、子どもの思いを行政にフィードバックしてほしい。

教育の問題は、高等教育をきちんとしないといけない。高等教育を改革していきたい。先生方も行政に出てほしい。知恵を送り込んでほしい」

椎川局長さんのお話は熱いものがあった。教師に対する強いメッセージが寄せられた。

その後、懇親会が持たれた。途中から上勝町いろどり社長の横石氏も参加された。全員が本日の会議の感想を話した。最後に向山先生からお話があった。心に残る、素晴らしい内容であった。概略を紹介する。

「素晴らしい会でした。電通、日本経済新聞社、グーグル、スコープ、行政の関係者の皆さんとも一緒に夢をかなえていきたいです。

明日の日本を作り上げていくことができます。今後、早めに議論していきたいです。これをご縁にして仕事をしていきたいです。それが教師の使命であり、それをやっていきたいです。子どものために力を合わせていきましょう」

参加者全員の心が一つになり、会は終了した。記念すべき、拡大中央事務局会議が終了した。新しい日本の教育の出発である。

岡本純

椎川さんは昨日の朝のツイッターで「昨夜のＴＯＳＳの勉強会。30人以上の熱心な先生方と日経新聞、電通、Google、環境省の方、いろどりの横石さんなど多彩な顔ぶれだった。また何かが起こるかも」とつぶやかれていました。素晴らしい会だったのですね。ありがとうございます。

戸田大輔

夢が広がる報告をありがとうございます。ＴＯＳＳに身を置いていることにますます幸せを感じます。

3　3月　言語技術教育学会報告

(1) 思考力と表現力　2011年3月6日

3月5日、京都女子大学附属小学校で第20回日本言語技術教育学会が開催された。第1部は授業による提案である。授業1で師尾喜代子先生が授業をされた。この報告は後ほど、詳しく行う。第2部は討議とシンポジウムである。最初は、授業の検討と討議である。授業者3人と市毛勝雄先生、吉永幸司先生、井関義久先生、野口芳宏先生である。

討議が終わりに近づいたころ、一般席にいた向山先生が挙手され、意見を述べられた。思考力と表現力についてである。概要を紹介する。

「思考力というのは、考えていく力です。思考していく力と順序です。どのように考えていくかです。回路ができていくと、考えていく力が育つのは明確です。構造化され、新しいコードを見えるようにしていく力です。多様な蓄積をしていき、問題提起をしていくことです。コードを増やしていくことが思考力だと思います」

思考力と表現力で会場が混乱しているときに、向山先生から明確な意見が出された。「コードを増やしていくことが思考力」という意見に納得した。

思考力を鍛えることによって、新たなコードができていく。新たな見方ができていく。それが授業の中でできていたかが問われた。

並木孝樹

ご報告ありがとうございます。向山先生の力強いメッセージ、会場の空気をわしづかみしたことと思います。衝撃を受けた方もたくさんいたことでしょう。ここからまたたくさんの方が教育再生、教育改革への運動に参画してくださると思います。

本日、かわばた眼科、かわばたドクターの研修会に行きます。医療連携セミナーを提案してきます。プリントアウトして行きます。

東郷晃

コメントとはどうあるべきなのか何度も読ませていただきました。短い時間、具体的な事実、訴えるもの一つひとつの活動、動きが大切なのだと感じました。

(2) シンポジウムの発言　2011年3月7日

言語技術教育学会のシンポジウムのテーマは、「〈この言語技術〉で思考力　表現力が高まる」今、何が問題か?である。

樋口雅子編集長の司会である。最初の質問は、「言語技術からみて新教科書を採点すると、どうなりますか」であった。最初に発言されたのは、向山先生である。

「教科書を見て、厚くなったのは大きなことです。授業での教科書の工夫は努力が求められます。今回の教科書は、5~6年の教科書が1冊になりました。ボリュームが厚くなったのは発展です。いろいろ教材を選択できます。

学習の手引きがそこそこに充実しています。言語技術を教える学習の手引きが構想化されています。問いが示されていることが、はっきりとしていてよいです。伝統文化のことがたくさん出てきます。百人一首、３年生で18首出てきます。合わせてカルタの紹介も出てきます。それらが印象に残りました。

６年生のアスペルガーの子どもが、先生方に訴えて書いたものがあります。その中で、〈ここはどう思いますか〉と聞かれても答えることができないと書いています。パニックになるのです。読むと、〈ああ、そうだったのか、そのためにパニックになったのか〉と理解できます。問い方を具体化していくのです。

学級崩壊をしているところで一番大変なのが、ルールを守らないことです。子どもは反乱を起こします。ところが、五色百人一首、20枚の札をとります。３分のカルタとりを毎日10分ずつ、１か月やると負けを認めるようになります。仲間に入れるようになります。ルールが守れるようになるのです。熱中していく文化は凄いです」

新教科書について各先生方が発言されたが、向山先生の発言が一番具体的で分かりやすかった。本質を把握され、それを分かりやすく表現する力に優れているからである。新教科書を読まなくても概要が伝わってくる。特色が理解されてくる。大変、勉強になった。

溝端達也

幸運なことに根本先生がノートに書いていらっしゃるのを見ることができました。ノート半分に、小さい字でたくさん埋め尽くされていました。学びでした。

郡司崇人

思考力と表現力の定義や関係を、自分でも考えてみます。向山先生のご意見、明確ですが、理解仕切れていないのが本音です。勉強します。

高田京子

根本先生の細かな分析はこのようにきちんとメモすることから始まるのだなあとわかりました。同じに聞いていても私にはしっかりと残っていないのは聞き方が悪いのです。

上川晃

貴重なご報告ありがとうございます。本当に、目に見えるようです。その場の様子が浮かんできます。ご報告から、たくさん学ばせていただきます。

本宮淳平

大変勉強になります。さっそくノートに書きだし、思考します。ライブの学びの何分の一になるかはわかりませんが、私にとって、貴重な学びです。

(3)「教材研究ノート」にある「教材文」のトライ　2011年3月8日

樋口編集長から第2の質問が出された。

Q2　国語教育界にいち早く言語技術教育を提言された、向山洋一先生の「教材研究ノート」にある「教材文」、登壇の先生にトライしていただきます。なお、Qによっては、パスも、もちろん可です。「教材文」↓電子黒板に縦書きで掲示します。

「むかし　ある村に　もの知り顔をする男がいた。ある時、友だちから、こんな話を聞いた。松葉さえ食べていれば、米や麦を食べなくてもいいし、そのうちに、せんにんになって、天にのぼることもできるというのだ」

Qi　この教材文で、どんな言語技術が指導できるとお考えでしょうか。

Qⅱ　この教材を授業化する〈発問と作業指示〉をお願いいたします。

Qⅲ　向山先生による実物提示と諸先生のご意見への感想。

登壇の先生方からお答えがあったあと、向山先生のお話があった。

「ある村に」「ある時」と「ある」が出てきます。「ある村に」の「ある」は次の三つの中のどれでしょうか。

①ある場所のように限定する　②差し控える　③ある朝のように全体から取り出す

このように聞いたところ、大変盛り上がりました。「ある村」「ある時」について話し合いました。

次に「さえ」を取り上げました。「さえ」はどのように使用しているでしょうか。

①かえっている　②強調している　③特例の使用をしている

3番目に「もの知り顔」とあるが、「つら」と「顔」はどのように違うのか。このように発問して、辞書を引き込ませていきました。ありふれた文章でも、突っ込んでいけば熱中していくのです。

私も教材文を読んで発問を考えたが、すぐには思い浮かべることができなかった。他の登壇者の方の発問もよく分からなかった。向山先生のお話を聞いて、発問づくりの視点を学ぶことができた。

「ある村」「ある時」「さえ」のように言葉を限定して取り上げていく。その時、考えられる内容をいくつか示して、多様に思考できるようにする。多様な考えを話し合う中で、内容が深められ、子どもは盛り上がり熱中していくのである。

「どう思いますか」「なぜだと思いますか」などと発問するのではない。そんな発問をすれば、アスペルガーの子どもが訴えているように、パニックになってしまう。

「ある村」「ある時」「さえ」のように具体的な言葉に着目して発問していくのである。全員が学習に参加できるように、選択肢を示してより具体的な状況を設定したのである。

結論として、「ありふれた文章でも、突っ込んでいけば熱中していくのです」と結ばれた。お話を聞いて、なるほどと納得した。このような言語技術の指導、授業化について学ぶことができた。

佐藤道子

根本先生のご報告で、本物の一端に触れることができてありがたいです。しっかり理解できるよう、書き込みます。

舘野健三

貴重な報告、有り難うございます。伝統文化講座で、出られなかったので、助かります。

4　3月　中央事務局会議

(1) 過去の実績が大切

2011年3月9日

3月8日、中央事務局会議が開かれた。5時45分、向山先生が事務所に到着された。5時50分、資料配付が始まる。6時、ちょうどに会議は始まった。時間厳守である。

美崎真弓さんから配付された、日本青年会議所からの「事業推進のお願い」の文章を向山先生がお読みになられた。

文章はコンペに参加するための協力要請の内容である。それに対して、向山先生は、過去の実績を参考に入れることを、次のように具体的に話された。１８００の観光立国の資料、ユーチューブ、村・まち起こし、五色百人一首大会、どこと組んでやったのか、ＮＰＯとの連携など過去の実績が大切である。

観光立国大会、様々なＴＯＳＳデー、子どもＴＯＳＳデー、文化的事業に参加したことなど、今までやったことをきれいに整理してやっていく。ＪＣとやっているところ、ＴＯＳＳ保険、チャレラン、郵便事業何万か所、文化庁からの文化遺産、世界遺産、伝統文化、全部使っていく。月曜の明け方までに検討して送る。

ここで向山先生が強調されたのは、コンペなどに参加するときには、過去の実績が大切になる。そのために日頃から実践をまとめ、実績として残していくことが大切であると話された。

セミナーの企画案が提案された。その中に「参加者にプレゼントをあげる」という項目があった。それに対して、向山先生から次の指導がされた。何かあげるから参加させるのはよくない。シェア率でも最高は6割である。日産とトヨタなどのように、シェア獲得を過去も行ってきた。

片方が必ず勝つ。それでも60％が最高である。サントリーダルマなどの販売で、サントリーが70％までいった。付録をつけた途端にファンが離れてしまい、もとに戻した。上の層が物でつろうとして離れた。値段を下げるのが嫌いである。高級品は値下げしない。ヴィトン、値段を下げて喜んで買うか。

記念品をあげるのはいい。パンフレットとか便利帳くらいならいい。景品をあげてやるのは好きではない。本業ではない。記念品をあげるのはいいが、プレゼントをしたり値段を下げたりするのは好ましくないと話された。これからのセミナー、講座開催にあたって留意していきたい。

会議はちょうど7時に終了した。次回は懇親会での貴重なご指導を報告する。

越智敏洋

言葉に着目する。そこから熱中する発問を考えていく。向山先生の主張、またそこに流れる授業への温かさ。それを感じられる場でした。言語技術を深く学ぶことができた場でした。

佐藤泰之

短い文でも何時間もの授業ができるそのような授業力をつけたいです。課題文についても考えてみましたが全く浮かびませんでした。

(2) 実績の残し方　2011年3月10日

会議の最後はいつも向山先生からの資料配付とお話である。今回も7種類の資料を全員分コピーして、配付してくださった。

①「文化遺産を活かした観光振興・地域活性化事業」(報告①のJC提案文書の一部)
②解答乱麻　小学6年「龍馬君」の訴え(産経新聞2月12日)
③「ケニア部族の魂奏でる」アニャンゴ(日本経済新聞2月17日)
④教育ルネサンス「発達障害を医師と学ぶ」(読売新聞2月24日)
⑤教育ルネサンス「学生サークルで授業力」(読売新聞2月26日)
⑥TOSS体育の指導法で跳び箱がクラス全員、跳べるようになります!!
⑦たった5㎝しか跳べない女性　TOSSの指導法で何㎝跳べたのか……?

配付されたのを確認されてから、お話を始められた。なぜ、このような資料を配付するかというと、TOSSデーや各種セミナーで活用してほしいからである。情報を多くの方々に広げてほしいからである。このような積み重ねが、実績作りにつながっていく。

嬉しかったのは、根本の「探偵！ナイトスクープ」の資料が、カラー刷りで2枚配付されたことである。大阪の和田孝子氏が作成されたチラシである。

「たった５cmしか跳べない女性　ＴＯＳＳの指導法で何cm跳べたのか……？」のチラシは、20年間使える資料だとお褒めいただいた。

すかさず、向山先生に質問した。「この内容は、向山先生が直接、和田先生に指示して作成されたものですか」

「そうです」というお答えが返ってきた。

このチラシは、発問形式で分かりやすくできている。ブルーの見出しが目を引く。さっそく、「探偵！ナイトスクープ」のディレクターにこのチラシを添付で送った。多くの皆さんに、上記7種類の資料を活用してほしい。

杉山裕之

その場に居れなかった者としては何より有難い情報です。根本先生、いつもありがとうございます。

伊藤道海

貴重な情報をありがとうございます。感謝いたします。

根津盛吾

驚きの情報でした。いつもありがとうございます。自分のサークルに活かしてまいります。

（3）論争のあり方　2011年3月11日

懇親会での向山先生は部屋の中央に座られる。三十数人が向山先生を囲むようにして座っている。全員、向山先生のお話に耳を傾けている。懇親会でのご指導を報告する。

①許先生のダイアリーを紹介する。

話を始めると谷先生がさっと許先生のダイアリーを印刷した資料をお渡しした。「論争」は、教育に不可欠の要素である。『向山洋一全集18巻』（明治図書出版）の部分を取り上げ、引用文が凄いと話し、そこに引用されている方々の名前を出して、一人一人解説をされた。

「27歳で論争を挑んでいた。いい文章だね。読み直してみて、凄いね」と話された。新卒3年目の向山先生の論文である。私も読ませていただいたが、確かに法則化運動につながっていく優れた内容である。

②新卒5年目で日教組大会の東京都代表になった。全生研との戦いであった。論争が大好きである。各県代表を黙らせた。差別をなくすというが、その実践はどこにあるんだと言った。誰も答えられなかった。終わった途端、走ってドドーとやってきて、反論された。

形だけでなく、レポートを作り、発信していった。15歳から25歳まで学生運動をしていた。みんなでやっていくことよりも、たった1人でやっていく方がよい。芸事でも化学でも同じである。

教育の収穫期は60～80歳である。（舘野健三先生のダイアリーに詳しい。）

栃木県の山口浩彦先生は、見た瞬間にいいと思った。行動力がある。動く人間が向山は好きである。忙しい人はその場でやってくれる。

大野眞輝

27歳で論争を挑んだというのがすごいです。向山全集、読んで勉強します。18巻はまだ読んでいませんでした。

許鍾萬　向山先生の投稿文、何度よんでもすごいです。論争とは、このようにするのかと思いました。さらに分析します。

第2章

2011年　春

向山国語講座での授業風景

1　4月　中央事務局会議

(1) 東日本大震災に関する情報　2011年4月8日

4月7日、中央事務局会議が開催された。17時58分、向山先生が到着する。18時から資料配付。18時5分から検討が始まった。

小森先生から「はじめての放射線の授業」が提案された。その中で、放射線の測定単位について次の説明をしてくださった。

「ミリ、シーベルトなどいろいろな単位がある。マイクロにするだけで1000倍になる。100シーベルトでガンになるというがタバコの方が危険である。絶対の正解はない。

次の例えをすると分かりやすい。マイクロシーベルトは1円玉。ミリシーベルトは千円。すると3000シーベルトは300万円である。150マイクロシーベルトは150円を落としただけになる。このように分かりやすい例えをするとよい」

非常に分かりやすい例えである。事務局員の先生方からも「確かに分かりやすい」という声がした。谷先生から風評被害の報告がされた。向山先生から「各学校の実情を話してください」と指示があった。

それに対して、外遊びはさせるな、体育の授業はするな、長袖、長ズボンでなければいけない、学校から一時出た子どもが再び帰ってきたときに、9割の子どもが村八分になった、東電の子どものいじめなどの報告がされた。

向山先生から地震と震災の名称について次のお話があった。地震というときには、東北地方太平洋沖地震とい
い、震災の時には東日本大震災と呼んでいるという。地震と震災では名称が異なるのである。次に貴重なお話が
あった。
「第二次世界大戦で原爆が広島に落とされた。中心地から１・８キロメートル離れたところにあった病院が被ば
くをした。ところが全員生き残った。お医者さんが、水を飲むな、おにぎりに味噌をつけて食べなさいといった
ためである。これが本になった。
もう一つは、ヒマワリが放射能を吸収する。20日間で98％吸収する。イエローフラワーも同じである。菜の花
からとった菜種油が放射能を吸収するという。
味噌が放射能に効くというのは初めて知った。またヒマワリ、菜種油も効果があることを知り、これからの食
生活に生かしていきたい。
ここまでは、大震災のことについての情報である。新聞、テレビで報道されていない貴重なエピソード、お話
でとても勉強になった。

佐藤泰之

貴重な報告ありがとうございます。お金で考えるとものすごく分かりやすいです。子どもたちのイメージが湧くように、授業をしなければいけないなと思いました。

東郷晃

貴重なご報告ありがとうございます。科学的な目と、それを授業していくことの大切さをこれから考えたいです。

（2）自費出版の紹介　2011年4月9日

向山先生のＳＮＳのダイアリーで、根本の自費出版の紹介をしていただいた。次の内容である。

「根本正雄先生の本が次の書店で買えます。

『世界に通用する伝統文化・体育指導技術』根本正雄著　学芸みらい社刊　２０００円　★４月20日頃発売予定

ぜひ、買ったり、追加してもらってください。他の書店でも取り寄せられます。アマゾンでも扱うようになります」

そのあとに全国の書店一覧が紹介されている。この内容を中央事務局会議でもコピーして配付してくださった。まさか、ＳＮＳのダイアリーでも紹介していただいていたとは知らなかったので、深く感謝申し上げたい。

谷和樹先生から「東日本大震災　復興支援」のレポートが提案された。それに対して、向山先生から次のご指導があった。

１　全国の自治会・町内会は、地域によって異なる。

２　様々な出し方がある。

３　四国４県から始める。

次に、大変貴重なお話、報告がなされた。向山行雄先生が、全国公立小学校校長会会長としての最後のお仕事の内容である。

一つ目は35人学級実現をされたことである。２万５千の小学校長を代表して、自民党、民主党にお願いにいき、30年来の課題を実現することができたことである。文科省の初等中等局長から行雄先生の携帯電話に、直接お礼が入ったというお話をしてくれた。

二つ目は、大震災に関連した文書を全国の校長会に発信された内容である。向山先生は、実際に発信された資料を読み上げてくれた。風評被害への学校としての対応、東日本大震災への対応、新教育課程の実施上の課題についてである。

素晴らしい内容である。実に細かいところまで示されており、現場の学校に混乱が生じないように配慮されている。日付は平成23年３月30日になっている。校長会会長として、最後の最後までお仕事をされたのである。すぐれたリーダーの在り方を学ぶことができた。

中央事務局会議には、日本の教育の最先端の情報が向山先生から伝えられる。そして、どのようにしていけばよいのかのご指導がある。そこでの情報をできるだけ正確に、できるだけ早く、全国の先生方にお伝えしていきたい。

原田朋哉

最先端の内容をありがとうございました。根本先生の新著、とっても楽しみです。

ワクワクしてきました。

高橋正和

行雄校長先生は、校長会会長にしかできないお仕事を残してくださいました。提出する文書からして、大変だったと思います。兄弟揃って日本の教育界を変革していかれた。圧倒されます。根本先生のご著書が発刊されたら、たくさんの人に読んでもらいたいです。広げます。

(3) 研究所のトップニュース　2011年4月10日

二次会が「いこい」で開かれた。東京教育研究所の美崎真弓さんから研究所のトップニュースが発表された。向山先生が、「美崎さん、研究所のトップニュースをお願いします」と言われた。

「千葉県浦安市の浦安南中からTOSSノートの注文がありました」と報告があった。そのあと、「何冊の注文が入ったでしょうか」と向山先生が質問された。1万5千、6千、480、5千などいろいろいな数字が出された。

「正解は3020冊です。1年生から3年生の分です。30部、先生方の分として入れました」と美崎さんから説明があった。先生方からは「凄い」という歓声が上がった。全校生徒数が600名として、一人3冊である。それだけのTOSSノートを一度に注文された学校は立派である。

続いて福島から150冊の注文があったと美崎さんから報告された。「震災児を受け入れたので、1冊100円にしてほしい」という申し込みがあり、1冊でも100円で送ると向山先生が話された。福島の別の学校から600冊の申込みもあったという。TOSSが各学校に浸透している様子が、多くの先生から報告された。

岩切洋一先生が2月に校長になられ、二次会に参加された。校内研究会の講師に谷先生、行雄先生をお招きする計画だと話された。向山先生から、地震があった時のエピソードが紹介された。

「岩切校長は、地震後、職員をコンビに買いに行かせた。おにぎり150個、カップヌードルを100個、水を買ってこさせた。近隣の学校には、そういうことがなかったので、学校に避難した人は、あの学校に行けという話があったという」

学校に避難した人のために、食料を買い占めたという機転は素晴らしい。校長としての危機管理がなされている。災害のときの校長の指示として勉強になった。
長野県の小嶋先生が知事部局に入られたというお話が向山先生からあった。
「長野県の阿部知事は、1年前からこれをやりたいと話されていた。知事部局の次世代サポート課の責任者に小嶋先生がなられました。小嶋先生と仕事をやろうと言っていました。ＴＯＳＳの校長が引き抜かれてやるのです」
これは画期的なことである。これから、長野県の教育がどのように変わっていくか楽しみである。

小田原誠一

学校全体のＴＯＳＳノートの注文。これが、どれだけ大変なことか。ほんとにほんとに、ほんとに凄いことです。

岩切校長先生の素早い動き。「先を読む」ことの大切さを痛感しています。命を守るリーダーの資質とは何かを考えさせられました。小嶋校長先生のご活躍を心よりお祈り致します。

高橋正和

岩切校長先生の決断と実行力が「おにぎり」に象徴されています。常日頃、地域における学校の役割を考えている証拠だと思います。

吉川廣二

岩切先生、小嶋先生のお仕事の報告、ありがとうございました。また、ＴＯＳＳノートの注文も、嬉しいですね。私も、広げていきます。

冨山一美

岩切先生が校長とは。隔世の感があります。彼の結婚式の司会は、急遽私が務めました。

2 5月 中央事務局会議

(1) 3点の資料 2011年5月11日

5月10日、5月中央事務局会議が開かれた。5時49分、向山先生が来られた。来られると、すぐに3点の資料を配付された。

①「齋藤孝のガツンと一発シリーズ第1巻勉強なんてカンタンだ」の抜粋（40ページから45ページ）

②産経新聞4月30日　解答乱麻「効果のある指導、ない指導」

③TOSS　2011　スケジュール（第9版）

最初に「齋藤孝のガツンと一発シリーズ第1巻勉強なんてカンタンだ」についてコメントされた。

「これは向山の実践そのままだ」と言われた。中を読むと確かに向山先生が主張されている指導そのものである。

配付された解答乱麻「効果のある指導、ない指導」と対比して読むとよく分かった。解答乱麻の中で向山先生は、計算、漢字ドリルの指導について書かれている。その方法と同じなのである。

ここでエピソードを話してくれた。中央事務局会議で勉強になるのは、向山先生のエピソードである。エピソードを話してくれるので、記憶に残るのである。数学は暗記科目だというが、数教協の遠山拓が言ったことで一つだけ賛成することがある。

「－1×－1＝＋1　これを中学生に教えるのは早すぎる。大学院生で教える内容である」と遠山拓は言ったという。この考え方に向山先生は賛成だと話された。「向山は中学生で解いてしまったが」とも言われた。数学は暗記科目でなく、論理的思考を必要とすることを話されたのである。

最後の資料は、ＴＯＳＳ　２０１１　スケジュール（第９版）である。１月から12月のスケジュール表の改訂版である。

「追加があったら出してください」と言われた。追加修正が出された。最後に７月から11月までの中央事務局会議の日程が確認された。

その後、レポートの配付が始まり、６時16分からレポート検討が始まった。次回は、会議の主要な検討内容について紹介する。

村田淳

齋藤氏の子ども向けの本は、だいぶ前に出たものだと思います。勤務校にある両方の理科室にも、図書室にもこの本をいれました。学校へ行ったら、当該のページを読んでみます。ありがとうございました。

理科室、図書室にもあるとのこと、読んで比較してください。こういう情報が入るのが中央事務局会議です。また、報告します。

井戸沙織先生

もしかしたら図書室にあるかもしれません。読んで比較すると、向山先生の優れた実践が浮かび上がってきます。

向山洋一

マイナスの掛け算は、その理由は大学生でも難しい。しかし使いこなすのは中学１年でも出来るというものです。理由が分からなくてつかっているのはたくさんあるでしょう。電気製品のスイッチはみんなそうでしょう。どうして教師は、いつも理由をつけたがるのですかね。頭の悪い人に限ってそうですね。

（2）小澤一郎氏とTOSSの勉強会　２０１１年5月12日

桜木泰自先生から「東日本大震災の復興に関する都市計画　小澤一郎氏とＴＯＳＳの勉強会記録」の報告がなされた。

5月9日（月）に開催された。だから報告は最新の情報である。報告は桜木先生の資料に詳細に記録されている。ここでは、向山先生が話された概要をお伝えする。

1　今回は人材がいない。兵庫のときには人がいた。町単位でやらないと、人が不足する。
2　国は金だけ出す。もとはイギリスにモデルがある。
3　復興するしくみを作る。復興会社を作る。町ごとに作るしかない。住民の考え方が大事である。整地した後、生活していく。その後、会社で働くようにする。国は金を出すだけにする。稼げるようにする。半分は国へ返す。半分は自分たちのものにする。
4　復旧→復興→生きていくシステムを作る。それに対して専門家が入る。国の役割、最初は金を出す。町の住民が中心となる。長丁場になる。
5　被災地の子どもの意見が反映されるようにする。大人の考えは、一般論が多い。子どもからは具体的な考え方が出る。

どういうふうにして作るか、半年に1回、勉強会をしていく。

小澤一郎氏とＴＯＳＳの勉強会の向山先生のお話は衝撃的であった。兵庫と今回の震災の違いからはじまり、どのように復旧→復興→生きていくシステムを作るかについて、具体的な提案があったからである。

そこに子ども参加のプロセスをどう作っていくのか。ＴＯＳＳ教師の出番である。大きなプロジェクトの中に参加できるのである。

未曽有の復興計画の中に参画し、具体的な活動を通して仕事ができる。向山先生のお話は、大変重要なお話であった。

井戸砂織

根本先生、いつも貴重な報告をありがとうございます。向山先生がコメントされていた「イギリスの最高の復興プラン」がとても気になっていました。少しでも知ることができてうれしいです。

高橋正和

子どもからは具体的な考え方が出る。なるほどと思いました。そういうシステムをつくるのは教師しかいないと思います。大人は建前で「よし」としてしまいますから。貴重なご報告をありがとうございました。

（3）復興支援企画会議のエピソード　２０１１年５月13日

7時30分過ぎから二次会が行われた。4月29日、30日に行われた復興支援企画会議のエピソードを報告する。

復興支援企画会議のレポートを読んで、博報堂の方が、「うちの社員に企画書の書き方を教えてください」と言われたと、向山先生からお話があった。レポートの質の高さが分かる。

今回はレポート番号の1番からでなく、「補欠の最後から2分間で提案しなさい」と参加者のO先生から報告があった。いきなり指名されたのであわててしまったと語っていた。

普通はレポート番号1番から提案していく。最後からの提案というのは私も経験がない。逆転の発想である。

指名された先生の心境が理解できる。

向山先生は、「明日から何をするのか」「いつまでにするのか」と質問されたという。今まで見えなかったことがはっきり見えてきたとも語った。震災に対応する方策が向山先生の発言で見えてきたのである。

別な方から報告があった。

「良いと思う論文を二つ選びなさい。大雑把でいいです。その中で、良いと思う小さい項目を三つ選びなさい」と向山先生が指示されたとのことである。課題を限定し、絞り込んでいかれたのである。

参加者は真剣に読み始め、今までと読み方が違ったという。さらに次の指示をされた。

「自分がやるとして、一つだけ修正点を加えなさい。1か所だけ加えるのです」

その結果、向山先生が何も教えなくても、深く考えさせられたと参加された先生は話された。前回と違う読み方を教えてくれたとの報告もあった。このエピソードを聞いて、復興支援企画会議の緊張した様子が伝わってきた。そして、質の高い企画会議がなされたことが理解できた。

向山先生の出された指示の鋭さにも感嘆した。レポートの読みの深め方、当事者としてのかかわり方を追求させていく方法を深く学ぶことができた。

復興支援企画会議のエピソードから多くのことを学ぶことができた。二次会は質の高い会議なのである。

平山勇輔

向山先生の会議の進め方を具体的に教えてくださり、ありがとうございます。すごい世界の会議だったことが、あらためて分かりました。

井戸砂織

復興会議の緊張を思い出すことができました。ありがとうございます！　今回、「実行」ということが強調されていたと思いました。実行していきます。

本宮淳平

先日の伝達講習会でも、戸村先生が同じ流れで講習を進めてくださいました。指示通りにしていくだけで、とても思考させられました。学び多き講習会となりました。

（４）美崎真弓さんの研究所における向山先生　２０１１年５月14日

最後に東京教育研究所の美崎真弓さんがお話をされた。研究所における向山先生のお姿である。私たちは教育者としての姿しか見ていない。

美崎さんは、別な向山先生の姿を見ておられる。今や向山先生のなくてはならない存在として、お仕事をされている。

「向山先生は、先生方一人一人を育てようとしています。そこが企業とまったく違います。先生方はとても幸せです。一般企業は利益を優先します。

利益を得るために、方針通りにできる人が有能と評価されます。向山先生は利益を優先するのではなく、先生方のために、自分のこととしてお仕事をされています。そこが普通の社長と違います」

美崎さんは、元ＩＴ企業の社長をされていたとお聞きしている。その美崎さんが話されるのであるから間違いない。復興支援企画会議も先生方を育てようとしての組み立て方、会議の進め方をされているのである。

一般企業であれば、利益優先である。いかにコストを低くして利益を得るかに焦点が向く。提案の順序、レポート検討もおのずから変わってくる。
向山先生は人材育成に焦点が向けられていることを、美崎さんのお話から学んだ。中央事務局会議も同じである。人材育成を意識されての提案、報告をされている。
「先生方は幸せである」という言葉を噛みしめて、今後活動していきたい。

国友靖夫

貴重な貴重なご報告、いつもありがとうございます。美崎さんの言葉を通して、改めて向山先生の偉大さが伝わってきます。この時代に教師ができたこと、本当に幸せです。

冨士谷晃正

いつも貴重な情報を発信してくださりありがとうございます。私も向山先生にお会いしていなかったら、TOSSに出会っていなければ、教壇から去っていたのかもしれません。
今あるのも、向山先生をはじめ、TOSSの先生方のおかげです。そのことを胸に、これからも地元で活動をしていきたいと思っております。

井戸砂織

ありがとうございます。幸せを感じています。日常生活の中でも向山先生にお会いした時でも感じています。感謝いたします。

勇和代

貴重なご報告をありがとうございます。「向山先生に育てていただいている」。そう思います。美崎さんのお仕事ぶりもいつも尊敬しています。みんなに優しく、高ぶらず、確実にお仕事される。見習う大先輩です。

本間尚子

本当に今までも「向山先生は、新潟の片隅に住んでいる私のことも、ちゃんと見てくださっている‼」と思うことがたくさんありました。

向山先生と同じ時代に生きて、こうして教師をやれている自分は本当に幸せです。

東條正興

私も体育事務局で根本先生に育てていただいております。幸せです。ご恩を御返しできるように尽力してまいります。

稲嶺保

私も向山先生や根本先生、多くのＴＯＳＳの先生に育てていただいています。子どもたちにその一部でも還元できるよう、初心を忘れず、学び続けます。

夏目雅子

間違えたり失敗したりして、どれだけご迷惑をおかけしたことか。気づいていないものも多々あると思います。でも向山先生は、一生懸命やっていれば、何度失敗しても許してくださいました。一度退いた教職に再び就け、今自分があるのもすべて向山先生のおかげです。子どもたちに還元していくのが使命と思い励んでいます。

佐藤貴子

いつも温かく見守っていただいていることに感謝しています。感謝の気持ちを忘れず、真摯に努力できるよう生きていきたいです。

3 6月 中央事務局会議

(1) 新しい事務所を見学する　2011年6月8日

17時45分、向山先生が元気に入ってこられた。入ってくるなり、「新しい事務所、見学しませんか。ペンキ塗りたてですが」と声をかけられた。

さっそく全員で新しい事務所に出かけた。歩いて5分のところである。3階建ての白い鉄筋コンクリートの建物である。

1階が倉庫で、2階、3階が洋室の部屋である。2階にはテラスがある。かなり広い部屋で、3階はつめれば40人は入ると向山先生は話された。

「倉庫が広い。テニスができるくらいだ」と向山先生は喜んでいた。部屋に帰ってくると、事務局の皆に「どうだった」と感想を求めた。

「すごい大きさである。うらやましい。秘密基地にしたい。倉庫が素晴らしい」などの感想が出された。とにかく部屋が広い。会議を開くのに適している。ペンキを塗り、リフォームをしている最中であった。

18時5分、レポートが配付された。相変わらず量が多い。最初のレポート検討で勉強になったのは、レポートの切り込み方である。

向山　大切なところはどこですか。何ページですか。

教師　10ページです。タバコは放射能が多いというところです。

向山　資料の特徴を読んでください。検定はどこでやるのですか。
教師　検定は学校でやるようになっています。何かの時間にやりなさいと言われています。
向山　分厚い資料だね。ポイントは何ですか。
教師　最前線の内容です。
向山　一つ一つ力作だね。

レポートは全員が口頭で提案する。レポートを見た瞬間に上記の質問がある。「大切なところはどこですか」「資料の特徴を読んでください」「ポイントは何ですか」。
それに即座に答えていかなければならない。レポート検討の仕方を学ばせていただいた。

高橋正和
それに即座に答えていかなければならない。職員会議もこのようにやれば短時間で終わるし無駄がないのです。言葉をくり返してテンポが遅い上にレベルの低い質問まで受け付けるので時間が延びます。向山先生がおられる会議に出ると、普通の職員会議が耐えられなくなります。

本吉伸行
レポート検討の仕方、大変勉強になります。大切なところ、ポイントを意識した提案ができるように、頑張ります。

（2）レポートに対するコメント　2011年6月9日

向山先生のレポートに対するコメントをご紹介する。

①長野県報告に対して、次のコメントをされた。
「翔和学園の伊藤先生が、千葉県の巨大な土地を開墾して、そこに入植して家を作り、就労先を自分たちでつくることを行っている。これと同じように長野県でできないかを検討してほしい。伊藤先生に話してもらうようにする」

千葉県の企業の社長の協力で、竹藪を開墾し、田んぼを作り、子どもがそこに入植をして生活していくというプロジェクトが行われている。1月に翔和学園で行われたライフスキル研究会で伊藤先生から伺った。壮大な計画がすでに実践されていた。

それと同じようなことが長野県でもできないかというご提案であった。もし、実現したら多くの特別支援の子どもたちの就労が確保される可能性がある。画期的なお話であった。

②伝承風土記について
「テキストにする。授業記録にする。100ページから200ページのボリュームにする。資料だけでも凄い。県版でやれば図書館に入れられる。子どもに教え、残しておきたい内容にする。取りまとめを熊本の守田さんにお願いしている」

守田のぞみ先生のダイアリーに経過が報告されている。お読みいただきたい。

【全国風土記】1748市町村集約します。

全国のテキストの集約をします。各都道府県のテキスト責任者の方をお知らせください。

③福島の避難の遅れた小学校について
「意思決定が遅い。日本の学校の持っている弱さが出た」

学校の意思決定が遅く、子どもの犠牲者が多く出た学校についてのコメントである。福島の小学校だけでなく、日本の学校の持っている弱さであるとのご指摘。命にかかわる意思決定の大切さを学んだ。

向山洋一

このようなことが話されているんだよ。

高橋正和

①について

想像を超えた壮大なプロジェクトに驚きました。可能なのでしょうか。まるで「大草原の小さな家」のような話です。実現すれば、屈指のプロジェクトでしょう。

大関貴之

「意思決定の遅さ」が保護者の不満を呼び、風評被害を拡大しています。明らかに人災です。後手後手にならないように踏ん張ります。

守田のぞみ

根本正雄先生、いつもありがとうございます。子供伝承風土記について教えていただき、感謝です！　現在、42都道府県の担当が決まり、現状を報告していただいているところです。

「テキストにする。授業記録にする。１００ページから２００ページのボリュームにする。資料だけでも凄い。県版でやれば図書館に入れられる。子どもに教え、残しておきたい内容にする」というところ、向山先生からいただいたコメントと合わせて、イメージをもっていきます。ありがとうございました。

■とりあえず　テキストを作る

あとで実践を入れ　作文　教材研究　資料などを入れて

県ごとに1冊の本にする
大震災1000年の記憶　子供伝承風土記　というような形で
■全部の市町村でなくてもよい

（3）ユースウェアセミナーの再現　2011年6月11日

ユースウェアセミナーの様子を一部再現してくださった。向山先生の顔が輝き、手を使いながらのお話には引き込まれた。そして、聞いている人間も楽しくなった。

最初に向山先生のお話を紹介する。

「漢字スキル、計算スキルの出来ていないところは授業の始めにやります。1日たつと7～8割忘れます。授業の始まる前、30秒見直しをします。30秒で学力が違います。単元は3日後にやります。

学習の原理、脳科学の原理に基づいてユースウェアを作りました。学習とは何か、教育とは何か、教師の活動とは何か、教授とは何か、学習とは何かを学んで作りました。1000年たっても変わらない方法です。

ユースウェアセミナーで、S先生でさえ、10問の問題を読んでいくことが、向山と一瞬だけれど違っていました。

3×2は6、リズムをつけてやらないといけないのです。感動もなく、機械的にやってしまう。事務的にやってしまうのです。

70点、80点というよりも100点、100点という。どちらが子どもにやさしいか。よく考えて指導するのです。漢字スキルにチェックを入れます。指書きで見せあいます。それだけで真剣にやるようになります」

ここで、師尾先生が「我流をやってみたから、向山先生のお話がよく分かりました。実践のある人のでも違和感があります。向山先生が言うのと異なります」と話された。

何気なく指導している方法が、学習の原理、脳科学の原理に基づいて、１０００年たっても変わらない方法で作られていることを初めて知った。

しかも機械的に読みあげていくのではなく、抑揚をつけ、リズムをつけ、感動的に行うのだという。向山先生は、２×３は６を例にして、実際にやって見せてくれた。

実際に具体例を示されながらの説明なのでよく分かった。ユースウェアセミナーを多くの先生方が、絶賛されていた理由が理解できた。

これから各地で開催されるという。多くの皆さんにご参加いただき、学んでほしい。そして、我流から脱皮してほしい。

並木孝樹
根本先生の記録は本当に素晴らしいです。その場の空気をイメージすることができます。一連のダイアリー、学びの宝庫です。その場にいることが大事ですね。次回こそ……。ありがとうございます。

丸亀貴彦
たいへん参考になりました。ユースウェアセミナーなんとしても参加したいと思います。
ありがとうございました。

藤崎富実子
もう随分前に教え方教室で向山先生が教えてくださったことを追試してきていますが、かなり我流になっています。是非参加したいセミナーです。

（4）美崎真弓さんの報告「向山先生によって浄化された」　2011年6月13日

新教材のユースウェアはシステムになっているという話が出された。続いて、クルリンベルトの使い方についても話された。教師がついていないと怪我をするので、教師がいないときには使用してはいけない。そして、向山先生から、「違う使い方をしてはいけない」というお話があった。

つまり、クルリンベルトを使って、ブランコなどにして遊んではいけないことを指導するのである。逆上がりや前方・後方支持回転以外に使用してはならないのである。安全面のユースウェアについてのご指導があった。研究所の美崎真弓さんから、さいたま市の全小学校に5本ずつクルリンベルトが入るという報告があった。

また、福岡県の学校から百人一首８００の注文があったとの報告もなされた。ＴＯＳＳの教材が普及していることが分かる。

懇親会の最後に、美崎さんから研究所に入る前と入った後の違いについてお話があった。具体的には次の点である。

①研究所ではいいことをしている。人の役に立っていることを実感している。
②以前は建設業界にいたが、談合などがあり、後ろめたい思いがあった。
③教育のようなクリーンな世界でやりたいと思っていた。
④向山先生は、普通の先生と違う。向山先生に会ってよかった。自分もよくなった。浄化されてきた。もっと良くならないといけないと思っている。

美崎さんの言葉で、「向山先生と会ってよかった。浄化されてきた」という言葉が心に残った。教育界にいる人間にとっては当たり前のことでも、別の業界の方にとってはクリーンな世界なのである。

そして、浄化されるというのはＴＯＳＳの先生方も感じていることである。中央事務局会議に参加し、向山先生にお会いし、私の心も浄化された。

Ｐｏｐｐ　登美子

貴重なお話をありがとうございます。浄化される……志が高い方は人間性までも清く美しくなってゆくのですね。

高橋正和

美崎さんのお話。向山先生そのものを語っておられると思いました。すばらしいご報告を、ありがとうございました。

吉川廣二

教師以外の方がこのように言われることが、とても嬉しいです。美崎さんのお仕事が素晴らしいのは、このような思いが詰まっているからでしょうね。

川津知佳子

私は弥生会例会で、根本先生のお話を伺ったり、ご指導をいただいたりしていつも爽やか、すっきりした気持ちで帰ってきています。

(5) 向山洋一先生・総括講演「認知症予防脳トレ士」合宿報告①　2011年6月19日

６月18日（土）19日（日）、ＴＯＳＳ研修所（上総一宮）で「認知症予防脳トレ士」が開催された。６月18日（土）は都合が悪く、19日（日）だけ参加した。

合宿最後は向山先生の総括講演であった。向山先生のご了解をいただき、概要を報告する。11時より総括講演が行われた。講演に先立ち、大量の資料が配付された。この資料が何のために配付されたのか、講演の中で説明がなされた。

脳トレ士になって様々なところで活動していきます。人と話して説得するには、物を持って行って話をします。その時にファイルを持って行く。市長さん、議員さん、担当者と会ったときに、物の中のいくつかを渡します。資料の中に、「ペーパーチャレラン」、「第3回統合失調症研究会」があります。それを見て、説明できますか。正解が何十万通りあります。旺文社の雑誌で応募したところ25万、学研でも行ったところ25万あり、3か月間小さな字で名前がのりました。

慶應大学の根本ドクターは「ペーパーチャレラン」を使って、統合失調症の研究をしました。どの学習ゲームが効果的かを探しました。多くの学習ゲームは役に立たず、ペーパーチャレランだけが有効だったそうです。ドクターはじめ医学部との共同研究が行われ、3年たって結果が出ました。資料の中に選考結果一覧があり、東大をはじめ入選しました。その中で、慶應大学の研究は最優秀賞をとりました。

川島先生の計算、漢字は効果がありませんでした。効果があったのは、ペーパーチャレランだけでした。ペーパーチャレランは権威ある大学の中に入ったのです。

脳トレの対策をやる前に、進研ゼミの設計を向山がやりました。分析し、教材を作りました。クイズ面白ゼミナールの問題作成を7年間行いました。日本一の教材を設計しているのです。

田中敦

貴重な情報をいつもありがとうございます。ペーパーチャレランは医学界のお墨付きですね。教室でペーパーチャレランをすると、アスペルガー傾向の子達が熱中します。その変容ぶりに驚きです。すごい教材です。

並木孝樹

いつもすごい記録をありがとうございます。根本先生は常にノートにメモをとられ、止まっている瞬間がありません。次も楽しみにしております。ありがとうございます。

高橋正和

「旺文社の雑誌で応募したところ25万、学研でも行ったところ25万あり、３か月間小さな字で名前がのりました」。知りませんでした。すごい数です。ペーパーチャレランの威力を数字で知りました。ご報告、ありがとうございます。

村田淳

ペーパーチャレランは、本当に大人気です。合宿直後のお疲れの中、貴重な向山先生の総括を教えていただきありがとうございました。大量の資料には、どのような資料があり、向山先生がどのようなお話をされたのか続きも楽しみです。

小田原誠一

脳トレ士、とっても興味があります。ペーパーチャレランを学校のチャレランクラブでも取り上げていきます。自習の時の課題にも。

本宮淳平

貴重な情報をありがとうございました。ペーパーチャレランは、私のクラスでも大盛り上がりです。医学界でも認められているこの教材をどんどん生かしていきたいです。
根本先生のお話の続きも気になります。

平山勇輔

詳しいご報告をありがとうございます。栃木でセミナーがあったため、初日だけの参加でしたが、向山先生の講演が始まった瞬間、頭がフル回転しました。2日目のお話の内容を教えていただき、ありがとうございました。

(6) 向山洋一先生・総括講演「認知症予防脳トレ士」合宿報告②

前回に続き、「認知症予防脳トレ士」の向山洋一先生・総括講演の報告をする。約30分間お話をされた。蒸し暑い中ではあったが、説得力のある、力強い講演であった。

説明するときには物があったほうがよいです。持っていないと駄目です。市町村に行き、社会貢献活動をします。例えば、観光立国全国大会、子どもの調べ学習の県版すべてのテキストを作りました。

市長さんのメッセージを700人いただいています。応援をしていただいています。観光庁の資料が入っていないといけません。県知事、議員さんにも渡します。東日本大震災の援助もしています。千年紀の記録です。県版にします。熊本の守田先生などがやってくれています。後世に役立つ記録を残します。

高知県安芸市の記録には、「100秒間のゆれが止まったら、津波が来るからすぐに走って逃げる。そして動くな」という記録が残っています。過去を掘り起こし、学校は、子どもはどうするかを記録にしておくのです。役所に行けばあります。

発達障害の教材も同じです。教材、テキスト、教具を作り出してきました。前からの先生と一緒に行います。

それが教師の仕事です。歴史的な第一歩が始まりました。５因子があります。すごろくなど発展させていきます。認知症予防は発達障害に生かせる教材です。平山先生が話された音楽、料理に生かせます。東京ガス、味の素出前教室と連携しています。料理は認知症と関係しています。

向山は高台寺の住職さんと20年来の付き合いがあります。先日ライブをしました。そこで、善光寺の貫主《かんじゅ》の奥さんと娘さんにお会いしました。善光寺でライブをすることに決まりました。

薬師寺でもやることになりました。朝日新聞社から薬のテキストを作ってほしいと依頼されました。薬師寺というのは、薬のお寺です。朝日新聞社からの話と結びつきました。

『もっと、遠くへ』という娘の２冊目の本が出ます。１冊目はアマゾンで１位になりました。今日、フランスに行ってしまいます。子どもゴルフを作るという話も来ています。甲本、根本、師尾先生などに作ってほしいです。いろんな話がきています。ここからが出発点で、教材、教具、指導法を作って立派にしていってほしいです。

吉川廣二

ずっと楽しみにしていた、最も参加したいセミナーでした。しかし、ふれあい囲碁大会のため断念しました。それでも、多くの方々との出会いがあり、満足しています。特に、椎川局長、安田九段との出会いは、大きかったです。

守田のぞみ

「過去を掘り起こし、学校は、子どもはどうするかを記録にしておくのです」

学校はどうするのか、子どもはどうするのか、その視点で調べていきます。先日、調布大塚小では月１回避難訓練がなされていたと知りました。学校はどうするのかを向山先生はされていたんだなあと思いました。

第3章

2011年　夏

TOSSサマーセミナーでの講演の様子

1 7月 認知症予防トレ研究会打ち合わせ会

(1) 構造があり、そこに絵がカシャと入る

2011年7月1日

東京教育技術研究所で、認知症予防トレ研究打ち合わせ会が行われた。二次会から向山先生も参加された。たっぷりと3時間、向山先生の話をお聞きすることができた。向山先生のご了承をいただき、ご報告する。

向山先生はどのように認識されるのですかと質問が出された。

それに対して、「構造があり、そこに絵がカシャと入ります。夏のプールで高学年の水泳指導をしていました。400人くらいいて、両サイドの端っこの30人を横目で見ていました。するとと左手斜め前の女の子がほんの一瞬、表情を変えました。喘息の発作でした。0・05秒くらいの時間です。深呼吸の動きが変でしたので、発作を見つけました。

行進のときに足がずれている子どもがいました。〈黄色の服の誰々、足がずれている〉と指摘しました。140人、4学級の行進で校庭を半周する間に、○○君、○○君、○○君と3人くらい足のずれているのを見つけました」。

師尾先生が、向山先生、板倉先生と一緒の学年のとき、向山先生はわずかなずれを指摘されていたと補足された。向山先生がいらっしゃらないときは、どうしようかと心配したと話された。小貫さんが、「カラヤンは半音のずれを指摘した」と言われた。それを受けて向山先生が次のお話をされた。

「愛知の佐々木先生は、教員になる前にヤマハに務めていました。ピアノの調律で日本一です。絶対音感を持っ

ていました。音のずれが分かります。ほんのちょっとずれただけでも分かるのです」
舘野先生から、「向山先生は、法則化論文の審査も早かったです」と言われた。それに対して、「６ページを１分で見ていきます。活字が立ってきます。波多野里望先生も向山の真似はできないと言っていました」と向山先生が答えられた。
向山先生の認識する力の素晴らしさを、たくさんの具体的なエピソードで話していただき、勉強になった。感性が豊かで鋭いだけでなく、物を認識する能力が優れているのである。向山先生のようにはできないが、近づくことはできる。違和感を瞬時にとらえ、指摘していくことがすぐれた授業づくりにつながっていることを学んだ。

舘野健三

本当にすごい会でしたね。勉強になることばかりですね。先生の記録もすごいです。

師尾喜代子

楽しかったですね。あのメモがこうした報告になるのですね。

川津知佳子

子どもの瞬時の変化、以前よりは少しわかるようになりました。いつもと違うことをしているときは、その子なりになにか理由があります。経験と、日々の修業が大切ですね。

八代真一

向山洋一先生の論文審査を受けたことがあります。神業でした。真似はできませんが、近づくためのキーワードをいただきました。新たなコードをいただき、学びました。ありがとうございました。

並木孝樹
　貴重な報告です。自分がその場にいて学んでいるように思えるほど詳細で、わかりやすいです。でもわかったつもりにならないように気をつけます。子どもを見るとはどういうことか、明日から修業します。ありがとうございます。

（2）小学館の取材　2011年7月1日

　認知症予防トレに話題が移った。向山先生は次のように話された。

「認知症予防トレで大切なのは、基本を作ることです。例えば、脳トレが生まれました。人様にも教えられます。教材もいいです。というような言葉を作るのです」

　師尾先生から「カリキュラム、単位、内容が大事だと平山先生が話していました」と報告があった。向山先生も「それは大切です」と賛成された。続けて次のように話された。

「退職しても楽しい。人様のため、社会貢献をして、いささかのお茶代でやっていきたい。TOSSの仲間と一緒に行っていきたい」と満面に笑みを浮かべて、楽しそうに語られた。これは法則化立ち上げから一貫して主張されていることである。

「小学館の編集長、ライター、カメラマンが取材に来ました。『総合教育技術』8月号に掲載されます。これがゲラです」といってB4のコピーを2枚セットで、全員に配付された。話し合いには「物を用意せよ」の原則を目の前で示された。

　ゲラを一読して、「これは向山先生が書かれたのですか」と根本が質問した。それほど、TOSSの歴史、理念、活動について正確に、詳細に紹介されていた。小学館がTOSSを取材し、紹介文を書いているのである。

一同、驚きの声をあげた。

「いや、小学館のライターがインタビューしてまとめました」と答えられた。とてもよくまとめられている。中身については小学館の『総合教育技術』８月号をお読みいただきたい。

「出版はこれからアニメもゲームもなくなります。質を変えて、本づくりをしていかないと売れません。例えば資格を与えるのです。

体育だと四つのタイプがあります。跳び箱、二重跳び、25メートル水泳、逆上がりです。一つできたら賞状を与えます。ＤＶＤ、ＣＤにして販売するのです。そのノウハウを持っているのはＴＯＳＳだけです。世のため、人のため、そしてうまいものを少し食べるのです」

有村紅穂子

根本先生、一連の報告、ありがとうございます。ＴＯＳＳで学べることの幸せ。そして、その神輿を担げるありがたさ。次の世代の子どもたちのために、一千年残せる活動を構築させていきます。

高橋正和

「世のため、人のため、そしてうまいものを少し食べるのです」

すてきな言葉です。向山先生、そして法則化と出会って、今度はこの運動を未来へ継承していくことに力を注ぎたいと思います。

（３）波多野里望先生とすごろくの絵について　２０１１年７月２日

懇親会での向山先生のお話はとても知的である。好奇心に溢れ、話題に事欠かない。３時間があっという間に過ぎてしまう。次から次へと新しい話題が出て、次々に話が展開していく。

波多野里望先生のお話が出た。「波多野ファミリースクールで教師を採用しました。校長経験者と一般教師の違いは何かというと、漢字の試験で校長経験者が20点よかったということです。校長経験者の方がよかったということです」

これを聞いた館野先生は、「校長は報告文書が多く、辞書などをよく使うからでしょう」と話された。私の経験でも報告書を読んだり、報告書を書いたりする機会が多かったように思われる。校長と一般教師の違いについて、思わぬ見解をお聞きし勉強になった。

向山先生がカバンからA3のカラーの資料を取り出し、参加者に配付した。すごろくのポスターである。小学館の校正刷りといい、すごろくのポスターといい、話を分かりやすくするために物を用意されているのである。

カラーのポスターを1人に2枚ずつ配付された。鮮やかな赤をメーンにしたすごろくの絵である。手にした時のインパクトは大きい。プレゼンに活用すれば効果抜群である。懇親会には、向山先生を入れて6名である。その6名の懇親会のために、コピーをして準備されてきたのである。

すごろくも凄いが、具体的な物を準備されてきた向山先生の仕事の緻密さ、段取り力に頭が下がった。「このすごろくは脳トレにも使えます。高齢者はこの絵をほしがると思いますよ」と話された。

「TOSS式認知症予防トレを保険会社に買い取ってもらいます。そして、保険会社を通して、元気でずっとやってもらいたいと思っています」と語られた。発想の大きさに驚いた。その発想はどのようにして生まれるのか、次回に紹介する。

吉川廣二

その場にいないと知ることができない、大変貴重な情報を、このように教えていただき、ありがたいことです。また、恐縮しております。「TOSS式認知症予防トレ」個人的にも、大変興味があります。発想の誕生。知りたいです。

溝端久輝子

6人の懇親会。そのことを発信してくださってありがとうございます。モノの用意、赤のインパクトのあるすごろく、保険会社とのお仕事、どれもこれもすごすぎます。

(4) 向山先生の発想の秘密　2011年7月2日

前回、向山先生の発想の大きさについて紹介した。お話を聞きながら、どうしてそういう発想が生まれてくるのかを知りたかった。

小貫さんが、認知予防脳トレは蛸壺になってはいけないと話された。それを受けて、向山先生は、「いろんな人がいることがよいです。蛸壺になってはいけません」と強調された。まさしく向山先生は多くの人材を発掘し、多くの人を適材適所で活用されている。

師尾先生が、「どうして向山先生は、そんなに頭の回転が速いのですか」と質問された。私も聞きたい質問であったので、耳をじっと傾けた。

「何かを決めるときに、理解が0・1%であとは即反応です。作文コンクールの審査委員をしました。2分で結果を持って行ったら、審査委員長に怒られました。あまりにも早いので、よく読んでいないのではないかと思われたのです」

「中学校の同窓会がありました。みんなを笑わせていた岩本という同級生が〈中学校の天才は、今も天才だった〉と言いました。

高校2年のときに知能テストで、クレペリン検査がありました。私が一つの問題を〈終わった〉というと、周りが〈ホッ〉と言いました。それが面白く、終わるたびに〈終わった〉と言っていました。それくらい速かったのです。知能指数が180くらいあったと思います。

高校1年生で生徒会長をしました。学校へ行かないで国会に行っていました。数学はよくできました。高級官僚で次官にまでなったMに、〈こんな問題ができないのか〉と教えていました」

向山先生の発想の秘密は、理解力が優れているのは勿論、問題に対して即反応できる極めて高度な知能をお持ちなのである。理解が0・1%であとは即反応できる高速回転のコンピュータが備わっているのである。

八代真一

すごすぎです。1を聞いて1000を知るのですね。想像のできない世界です。

吉川廣二

直感力がずば抜けているのでしょうか？　直感力は、船井幸雄氏がよく使う言葉です。昔、論文審査をされているとき、あまりの（論文を読まれる）早さに、「人間業じゃない！」と思ったことを思い出しました。当時よりも、早さ、広さ、深さは、増幅しているように思えます。発想の秘密、教えていただき、ありがとうございました。

（5）椎川局長と溝畑観光庁長官の話題　２０１１年７月３日

話題は次から次へと変わる。間が空かないのである。しかもお話は面白い。発想の秘密の後は、椎川局長と溝畑観光庁長官の話題になった。

「椎川局長は若いころ、月曜日に旅支度をして遅刻をして出勤していたとのことです。全国を回って歩いて、トップになりました。叱られるのは副大臣と大臣だけだそうです。椎川局長は全国をＴＯＳＳ化しろと言っています。

溝畑観光庁長官は、大分トリニータを作り、優勝させました。絶対揺るがない信念を持っています。静岡の手塚先生が子ども観光大使の資料を見せたときに、「これをやろう」と即座に言い、その場で部下に電話をしました。

「一流の官僚はレポート集を見ただけで、向山ワールドに惹きこまれます。仕事の出来る人は分かるのです。そういう時に具体物を持って行くのです。車を売る人も資料を持って行きます。物を持って行くというのは、基本中の基本です。どれが効くのか分からないのです。話だけだと、胡散臭さがあると見抜きます。

物を10種類くらいカバンに詰めていくのです。まち作りの文書、ＴＯＳＳと椎川局長との連名の文書は、見る人が見れば分かるのです。立場によって変わります。文書を持って口説きに行っているかが問題です。栃木の山口先生はすごいです。ちゃんと物を持って行くと、立場によって見るものが違うのです」

ここでも物を持って行くことの大切さを向山先生は強調された。立場によって物に対する反応が異なるという。だから10種類くらいの物を持って行くのだと説明された。物の果たす役割について、深く認識することができた。

佐藤道子

一連のご報告、ありがとうございました。二十数年前の根本先生と変わらず、とってもわかりやすく、臨場感あふれ、読んでいる私たちもその場にいられたみたいです。心から感謝しています。ありがとうございました。

並木孝樹

ものをファイルに入れております。ファイルが厚くなり入りきらない状態です。復興レポート集も5冊あります。活かしていく場面をつくります。一連のご報告本当にありがとうございます。学びの宝庫です。

溝端達也

交渉には物を準備せよ。向山先生から何度もご指導頂いています。その大切さを再認識できました。

（6）アイディアの生まれる秘密　2011年7月3日

向山先生の凄いのは、懇談をしている間に次から次へとアイディアが生まれてくることである。しかもアイディアはすぐに実行され、形になる。どのようにアイディアが生まれるのかを紹介する。

看護学校の話題になる。師尾先生が、「看護学校の方に脳トレ士になっていただいたらどうですか」と提案された。それを受けて、向山先生から次のお話があった。

「看護学校の授業は、厚生省中央研修所で行いました。4～5年くらいやりました。宇佐美先生に紹介していただきました。

宇佐美先生に看護学校に話をしていただいて、脳トレ士養成をやっていきたいです。いろいろな団体に働きかけたいです」

ここで、一気に働きかける団体が具体化された。名前は公表できないが、大きな団体である。もし、実現したら一気に全国に広がっていく。

師尾先生から、「高齢者には日めくりカレンダーがいいんじゃないですか」とお話が出た。向山先生から即座に賛成の声が上がった。新しい考え、アイディアが出たときに、向山先生はほとんど受け入れてくれる。「よし、やろう」という声をかけてくれる。

今回もすぐに賛成してくれた。「日めくりカレンダーではなく、脳トレ週めくりカレンダーにしたい。８月末までに企画して、10月までには完成させるようにしよう。それと５・７・５の脳トレカルタも作ろう」と決定した。

向山先生の素晴らしいのは、即断、即決である。その場で話し、その場で決定する。今回も週めくりカレンダー、脳トレカルタ作成があっという間に決定した。誰が、いつまでに、何を行うのかが決められた。

話が発展して、「体育の脳トレ問題も作ろう。脳トレストレッチもいい」とお話しされた。体育の脳トレ問題、脳トレストレッチを作っていきたい。

根本正雄

向山洋一先生、向山先生のお話を文章にすると、さらに向山先生の素晴らしさが認識できます。お話がすぐに文章になります。記録をまとめていく間に、私の脳トレが行われているようで、頭がさえてきます。今後ともよろしくお願いいたします。

松藤司

私もわくわくしています。脳トレ週めくりカレンダーと脳トレカルタ、楽しそうです。

(7) 向山先生のルーツ①　2011年7月4日

向山先生のルーツについて報告する。最初に東工大の学生との交流を話された。

「家が印刷屋でしたので、小学校2年のとき東工大の模擬試験の用紙を刷っていました。坊や、この問題をやってみてと小学校2~3年の子どもに言ったのです。

何通りあるか。正確に図を書いていきました。1週間でやりました。五つになりました。数字と同じです。そこで学生は、0を付け加えて1、2、3、4、5、0としました。これは難しかったです。規則正しくやりました。

学生はさらに0を付け足しました。0が二つですからかなり難しかったです。小学校2年生の時にそういうことをしていました」

その話を聞き、向山先生の素晴らしさはどこから生まれたのであろうかと疑問に思った。そこで、「向山先生の素晴らしさは、お父さんから受け継いだのですか、それともお母さんからですか」と質問した。

向山先生は、丁寧に詳しくお話をして下った。概要を紹介する。

「向山の祖父は、福井県の出身です。永平寺の山の奥です。幕軍として官軍と戦い、日本海伝いに逃げてきました。兄弟の一人は新潟県にもう一人は北海道に渡り屯田兵になりました。

向山の祖父は、敵地にまで来ました。祖父は人力車をやっていました。自由民権運動で、人力車は選挙権があったからです。銀座に住み、父は泰明小学校(弟の行雄が校長になりました)を出ました。父は印刷職人になりました。文藝春秋の仕事をしていました。20歳で工場長となり、東大卒の10倍の給料をとっていました。10倍とれば、柳橋、赤坂で遊びます。元々は職人芸人でしたが、芸人になりました。金も稼ぎました。昼は職人で夜は芸人です。

根本正雄

向山洋一先生、向山先生のルーツを詳しく知ることができ、向山実践の原点を学ぶことができました。やはり時代の流れがあり、祖父、父親、母親の生き方が土台となって、教育実践、ＴＯＳＳの運動が生まれたことを実感いたしました。多くの皆さんに読んでいただきたいです。

本宮淳平

向山先生のルーツ、とても興味があります。続きがとても楽しみです!!

（8）向山先生のルーツ②　2011年7月5日

向山先生のルーツの2回目である。前回の続きである。

「父親は、１升枡の上で踊りました。私は父が踊るのを２回見ました。城南地区、各支部で出し物をしました。踊り終わった後に父が、〈洋一な、旦那衆は８畳間で踊る。大きな場で踊る。お父さんはな、１升枡の端から端で踊る〉と言いました。どこで踊るかです。与えられた条件を最大限に生かすということです」

踊りというのはかっぽれのことである。私は櫻川ぴん助師匠のかっぽれを何度も見せていただいた。動きの大きい、粋な踊りである。そのかっぽれを１升枡の上で踊れるというのは、驚異的な出来事である。

向山先生のお父さんは、その芸を披露されたのである。向山先生の中には、芸に対するあこがれ、尊敬の念がある。そのルーツを知ることができた。

「父の弟は近畿大学の事務局長世耕氏と刎頸《ふんけい》の友です。８ミリ映写機の発明家です。六本木にビルを持ち、外車を乗っていました。丸ビルの、雇われ専務でした。

娘が2人いました。姉はお茶大を卒業して、フルブライトでアメリカに留学しました。国連の通訳になりました。帰国して、0歳児水泳をはじめて会長になりました。プールを全国に20か所、テニスコートも持っています。妹は、お茶大を蹴りました。フランスのセロボンヌに留学しました。そして、東京法律事務所に勤めました。

叔父貴は、白鷗大学の副学長でした。易学の権威になり、易学の先生になりました。柳橋、赤坂の芸者さんに人気がありました。学士会館に400人集めて会を開いたところ、おひねりを持ってきたそうです。

お袋は、土浦の市長代理の娘でした。三井、三菱、住友、田中という財閥の田中家に昭和10年に入りました。家の中には30人が住んでいました。4人の子どもがいて、男が2人、女が2人で合計4台の車で学習院に送り迎えしていました。

和洋の料理が出て、蛇口をひねるとお湯がでました。父親は洋館に住み、母親は和風の家に住んでいました。奥様は寝るときに枕元に短刀とネギを置いておきました。ネギは催眠効果があるのです。玉ねぎも同じです。向山の父親は、芸人風です。母親はやんごとなき風です」

ここまでお話を聞いて、向山先生のルーツがおぼろげに理解できた。「向山の父親は、芸人風です。母親はやんごとなき風です」に集約されている。裏文化を主張し、百人一首をはじめとする伝統文化を生かした教育実践。気品ある話し言葉、振る舞い。会う人を引き込んでいく魅力、それらは、祖父、父親、母親、叔父などから受け継がれた才能である。

向山先生のルーツを理解することで、向山先生の生き方、教育実践を理解することができる。多くの皆さんに知ってほしい。

佐藤道子

すばらしい遺伝子をたくさん受け継いでおられるのですね。納得です。ご報告、本当にありがとうございました。楽しく読ませていただきました。

吉川廣二

ルーツの①②を合わせて拝見し、ため息が出ました。①には知っている内容もありましたが、②はすべて初めてでした。ルーツって、やはり重要ですね。向山先生は、ルーツによる才能を最大限生かし、それを恵理子さんや一門に継承しようとされていますね。向山先生と出会えたことに、改めて感謝しています。（何度目の「改めて」でしょうか？）

貴重な情報を、ありがとうございました。

青戸智子

根本先生、ご報告ありがとうございます。私もため息が出ました。向山先生って、本当に大きな大きな素晴らしい先生だと、心から思います。（こんな表現しかできなくて恥ずかしいのですが……）

2　8月　TOSSサマーセミナー2011

(1) 開会にあたり　２０１１年８月１日

7月31日、ＴＯＳＳサマーセミナー２０１１に参加する。向山洋一先生の開会にあたりのご挨拶の概略を紹介する。

　1000名の参加者で埋まる、東京ビッグサイト国際会議場で、向山先生の「開会にあたり」のお話があった。

「全国各地からようこそご参加ありがとうございます。九州からご参加された方、念のため沖縄から参加された方、ありがとうございます。海外からご参加されました方、どちらからですか。コロンビアですか。中国、四国地方、関西、中部、北陸、北海道、東北から参加された方、ご起立ください。どちらから来て、何をしているかお話しください。

（福島県郡山、相馬、福島。宮城県仙台、石巻。岩手県陸前高田、宮古、大船渡と参加者から発言がある）

　ありがとうございました。被災地からたくさんご参加しています。ずっとＴＯＳＳを応援してくれている京都大学の西坂先生、顧問の佐々木さん、正進社、明治図書、光村教育図書の方々もご参加されています。

　サマーセミナーは勉強の場ですが、人との出会いも勉強です。大震災をどのように教育していくのか、さっそく授業に入っていきたいと思います」

　東京ビッグサイト国際会議場は1000名を超す参加者で一杯であった。「開会にあたり」における向山先生のお話は、出身地を聞くことから始まった。

　沖縄からの参加者もあった。海外のコロンビアからの参加者もあった。全国各地からの参加者である。今回被災された東北地方からもたくさんの参加者があった。起立をして、一人一人どちらから来たかを大きい声で発表された。福島、宮城、岩手の先生方から元気のよい発表があった。

　サマーセミナーの冒頭で向山先生は、「サマーセミナーは勉強の場ですが、人との出会いも勉強です」と話された。人との出会いの出来るサマーセミナーなのである。

夏目雅子

サマーと箱根、いつもどこから来たのかお尋ねしてくださいます。今日は特に、被災地からの参加者の一言があり、今日1日の講座につながるすばらしい組み立てでした。

黒木真有美

まだまだ会場に足を運ぶことはできません。ＳＮＳの多くの発信から、学ばせて頂きます。人数、会場……立ち向かう壁が多いのです。必ず行くことのできる日が来ると思います。自分を鍛えます。根本先生からの発信を、学びの場とさせて頂きます。

稲嶺保

向山先生は、いつも沖縄を取り上げてくれます。大事にしてくれます。いつも大きな元気をもらいます。また、今年も元気と課題をいただきました。

本田唯

向山先生のお話はいつも参加型で、ワクワクします。しかし今年は関西に手を挙げられなくなり、少し淋しく感じました。被災地の先生方の声を聞くことができたのはとても良かったです。

（2）甲本先生の授業について

２０１１年８月２日

甲本先生の「日本に誇りをもつ授業」の後、向山先生から感動的なお話があった。

「いろいろな授業がありました。甲本先生の話を聞いていて思い出したことがありました。イギリスを訪問したとき、イギリス中部に原子力のプールがあります。日本からもらったのを冷やしていました。１００メートルプール深さ70センチに冷やしていました。遠いところでやるのだなと思いました。

福島では建物の中の隣にプールがあり、異様に思いました。当然、事情があったのでしょう。これをひっくるめて、大前健一氏は批判をしていました。10年前にイギリスを見学したので、異様に見えました。

イギリスとの交流会で次の話をしました。日本はイギリスに対して感謝の念を持っています。ロシアと戦争をしました。ロシアのバルチック艦隊は世界一と言われていました。日本はイギリスと同盟を結んでいました。スエズ運河を通れないようにしました。そのためにバルチック艦隊はアフリカの喜望峰を回らなければなりませんでした。インドでの補給も拒否しました。インドはイギリスの植民地だったからです。バルチック艦隊は日本海に来て、日本は奇跡の完勝をしました。日本の損害は1隻だけです。バルチック艦隊は全滅しました。ヨーロッパの白人と戦い勝ったのです。イギリスの日英同盟の対処に深く感謝しています。日本国民は忘れていません。それに対して、「30～40年前にここに造船所があり、旗艦三笠が作られました。ようこそ１００年来の友情を」と話してくれました。

逆の立場で、上海師範学校で論争を仕掛けられました。日本の軍隊が、中国の軍隊を追い払ったとさかんに言いました。その当時、イギリスその他の国は清国に無断で軍隊を入れていました。しかし、日本は断りを入れていました。租界地があり、日本人の安全が守られなかったので、自国民を守るために軍隊を入れたのです。日本は、中国に侵略し、反省していることを教科書に教えているかと質問されました。教えていますと言いました。中国は鎌倉時代に日本を侵略していることを教えていますか、副学長先生。悪いという認識をしていますか。悪いと思い、教科書に書いていますかと質問しました。通訳が、向山先生凄いですねと日本語で言いました。知は力です。正確な知識、判断をして教育してほしいと思います。甲本先生の話を聞いてそう思いました」

甲本先生の「日本に誇りをもつ授業」の解説、補説をされたのである。向山先生の鋭い反論に上海大学の副学長がたじたじになっている様子が浮かぶ。

日英同盟によるバルチック艦隊への対処への感謝、逆に上海大学の副学長への反論。すべて向山先生の知の力である。教育には、正確な知識、判断が必要であることを学んだ。

根津盛吾

拝聴したときの感動がよみがえってまいりました。記録に残してくださり、本当にありがとうございます。何度も何度も読み返します。

根本正雄

向山洋一先生、多くの先生方から感動がよみがえってきたという感想が寄せられました。流れるようなお話の中に、心に残る、心に沁みる言葉がありました。この後のお話もご紹介させていただきます。

（３）稲むらの火の話　２０１１年８月３日

実践！「楽しく分かりやすい授業」の６名の先生方の授業の後、向山先生がお話をされた。

「稲むらの火、知っている人？　知らない人？　教えたことがあるという人？　大きな津波がありました。多くの人の命が助けられました。どうして助けられたのでしょうか。日本の昔の教科書に載っています。和歌山県の稲むらの話です。元の教科書の方を指導主事の先生が持ってきてくれました。50年以上も再録されていません。改訂の教科書の中に復活しています。光村の教科書の中に復活しています。

伴先生、体調が悪く、先ほど帰られました。伴先生は意見、取材について授業をする予定でした。伴先生に代わり、お話をします。次の話があります。

ワシントンは小さいときに桜の木を切ってしまいました。叱られたときに正直に言いました。とても有名で世界中の子どもが知っています。桜の木を切ってはいけないという話ではなく、それを使って正直に言いなさいということを学びました。事件を使って主題を言います。これが主張です。1年生でも分かることを伴先生は言いたかったのだと思います」

この後、最優秀賞の授賞式があり、岩手県の田村治男先生が受賞された。向山先生から賞状が渡された。そのあと、次のお話があった。

「TOSSは大震災復興教育を広めるためにレポートを集め、会議をしてきました。50人ほどの先生方と20人ほどのお客様、西坂先生、顧問の佐々木先生方とで会議を持ちました。レポート集は売れてしまったとのことです。どのような教育が必要なのか、特別支援教育ではどうなのか、大切なことは教えてほめることです。教えないで叱ったり、怒鳴ったりしています。悪いことに向かってしまう。一つもよいことはありません。教えるということは、できそうでできません。何も教えていないのです。

4年前、学級崩壊をしたクラスがありました。ある先生が担任してちゃんと指導すると、すぐによくなりました。掃除の時間、ほうきを持って、掃き方を教えました。ちりとりを持って、ゴミの取り方を教えました。ゴミはこう捨てるんだとやって見せました。次の日から、みんな掃除をするようになりました。これが指導です」

(本日午後、カナダへよさこいソーラン交流に出発します。この続きは、帰国後ご報告します。しばらくお休みさせていただきます。)

国友靖夫

連日の報告集、ありがとうございます。参加できなかった者にとっては、本当に貴重な貴重なダイアリーです。カナダ、どうぞお気を付けていってらしてください。

藤田博子

根本先生、ダイアリー拝読させていただいております。どうぞお気をつけていってらっしゃいませ。カナダでの盛会をお祈りしております。

東條正興

掃除の話を日本中の教師に聞いて欲しいと思いました。あのようなことが、教育界の常識になれば、日本の教育は変わるだろうと思います。どうぞお気をつけて行ってらっしゃいませ。

(4) 教育の本質　２０１１年８月11日

先日のサマーセミナーの報告の続きをする。今回は教育の本質についてのお話である。

長谷川先生、谷先生の実践を例に、教育とは何かをお話しされた。

「上手だなあと思っても、３年間ちょっと教えてこないと、注意はしても真面目にやらなくなります。教えて、ほめることなんですよ。たくさんのお金を使って来ている先生方でも7～8割は教えていません。今までのことのようにして教える。教えて、ほめることが教育の骨格です。熱心でたくさんのお金を使ってくる先生から、もっともっと立派にしていきたいです。

国語の分科会で長谷川先生が学校崩壊のお話をされました。小学校の先生がそうしてしまった。ぐちゃぐちゃの状態で、不登校が2割もいる。長谷川先生は、授業を通して変えて行きました。発表の仕方を教えました。討論が始まって、中心になっているのがやんちゃな子どもなのです。全員、登校するようになりました。中学生でも教えてほめていくのが、教師の仕事です。

胸ぐらをつかむ、残虐な行為をする、発達障害の子どももよさを認め、一つ一つ前進していくのが教育です。

レポート集Aは1000万円の価値があります。レポートの中に自分自身の体験を半分以上入れています。谷先生のレポートには13歳から22歳までの様子が書かれています。10のポイントが示されています。キーワードで説明できますか。キーワードで説明できるのが教師の力なのです。谷先生は説明しています。

日常的な項目でさえ、教師はとらえ指導していないのです。べらべらしゃべるのは何の価値もない。本例の中から工夫し努力してきたものから学んでいく教師は、資格があります。皆さんは、勉強に来ているので立派な先生になります。学校は問題の集合体です。やめるなどと思ってはいけません。知恵を出し合っていくのです。ネバー、ネバー、ネバー、ネバー、ギブアップです。立派な先生になってほしいです」

具体的な例をもとにしているので、話が分かりやすい。先生を辞めないでほしいというお話が胸に響いた。

本吉伸行

ありがとうございます。向山先生のお話、胸に刻みます。

本宮淳平

サマーセミナーの学びがよみがえりました。何度も読み返し、胸に刻みます。

佐藤泰之

向山先生のお話は、胸にグッときます。熱いメッセージが込められているからだと思います。サマーセミナーの興奮が蘇りました。ありがとうございます。

(5) アニャンゴの紹介　2011年8月12日

田村先生の表彰の後、向山先生は向山恵理子さんを紹介した。『もっと、遠くに』（学芸みらい社）が出版され、サイン会も行われていた。私も向山先生、恵理子さんのサイン入りの本を購入させていただいた。

向山先生が「娘を紹介いたします」といって、恵理子さんを壇上に招かれた。その後、恵理子さんが次のようなご挨拶をされた。

「皆さん、こんにちは。いつも父がお世話になり大変ありがとうございます。アニャンゴという名前を持っています。音楽、ミュージシャンです。アフリカの器楽、ニャティティをやっています。午前中に生まれた女の子という意味です。

ケニアに行くとき、父は大反対でした。〈ケニア、絶対許さない〉と言っていました。親を捨て、日本を捨ててアフリカに渡りました。1年修業しました。初めての女性の奏者です。『もっと、遠くに』の中に書いてあります。読んでほしいです。ＣＤを出しています。小学校、中学校もまわっています。荒れた学校にも行っています。親子ともお世話になっています」

続いて、向山先生がお話をされた。

「ＮＨＫでライブが放送されました。ケニアの親善大使をしています。フランスに行っていました。アミーナ、アフリカ系の人です。御主人のベンさん、ヨーロッパの最先端の教育を持ち込んできました。ロシアの大きな会社、フランスの建物に直接映していきます。久保先生は見た瞬間に興奮したそうです。毎日新聞社の方とスータイさんとリオでの環境サミットに日本代表で毎日新聞社が派遣していくことになっています。最先端の映像教育をご覧ください（実際に映像を正面の壁に映し出す。迫力のある画面であった）。凄いですか、久保先生。体中がしびれていますと言っています」

恵理子さんの紹介とともに新しい映像文化についても紹介をしてくださった。でこぼこのビルディングでも立体的に映るようになっている。これが教育に活用されると革新的な効果が生み出される。衝撃の映像であった。

末廣真弓

私もあの映像には、衝撃を受けました。美しかったのと、不思議だったのと。表現の形がいろいろあるんだなあって思いました。

村田淳

ベンさんのマッピングは衝撃でした。あのような分野で活躍できる子も育てたいです。音楽だけでなく、さまざまなアーティストの生き様や思考に興味があります。

佐藤泰之

アニャンゴの本、読みました。一気に読みました。マッピングすごかったです！

東條正興

マッピングは、家に帰ってすぐにユーチューブで映像を探しました。あのような最先端の技術に注目する向山先生とＴＯＳＳは、本当にすごいと思います。

(6) 今後の活動方針と内容

２０１１年８月13日

向山恵理子さんの紹介の後、これからのＴＯＳＳの活動についての指針が話された。地域貢献活動に参加して、地域の様々な問題を解決していこうと話された。

「節電教育を７００万人の子どもにします。学力テストで、はがきが書けない子どもが３割いました。テキストを作りました。７００万人からお便りをいただきます。栃木県で６～７年前、ＮＰＯと協力してやっています。地域の様々な問題について多くの方々と協力して活動していく社会貢献活動をＴＯＳＳの教師の大切な仕事だと思っています。

世話人をしながらまちづくりをしていきます。百人一首、ふれあい囲碁、様々な文化が地域を作り出していきます。頑張っている人に目を向けていきます。一緒に地域のため活動していってほしいです。そうすると味方になってくれます。困難を教師と一緒に背負ってくれます。もっと立派な日本を作っていきましょう。頑張っていきましょう」

知りあいの若い教師にサマーセミナーの感想を聞いた。「サマーセミナーで一番よかったのは何ですか」。即座に「向山先生の最後の挨拶です」と答えてくれた。

「向山先生のお話を聞くと元気が出ます。前日の算数セミナーでも聞いたが、今回の方がよかったです。少しずつ内容が変わるので、そこが面白いです」とも話していた。

向山先生のお話には、人を元気づける、勇気づける内容が込められている。これからの教育活動に対する方向が示されているからである。それは、直接聞くことによって心に響いてくる。

１０００人を超す教師が、向山先生のお話を聞き、新たな元気をもらうことができた。そこに、目指す教育の本質があるからである。

平山勇輔

カナダから戻られてからすぐに一連の発信。すごいです。地域貢献活動としてさらにたくさんの行動をしていきます。

本宮淳平

私も元気になることができました‼　自分にできることは小さいかもしれないけど、できることから地域に貢献していきたいです。

高橋正和

私も向山先生の最後のお話が一番印象に残っています。いつも具体的です。たとえば向山先生が日教組のトップだったら……と思いました。政治色がないTOSSだから、多くの教師をひきつけるのでしょう。お話の中に出た目標に向かって取り組んでいきます。

3　8月　夏の中央事務局打ち上げ会

(1) 脳トレ士のポイント　2011年8月25日

2011年8月24日（水）、夏の中央事務局打ち上げ会が、JR新橋駅近くのお店で開かれた。中央事務局員が31名参加した。打ち上げ会では、事務局員がそれぞれ近況報告を行い、その後向山先生のご指導があった。

「脳トレが行われています。川島先生の脳科学とは異なります。『教室ツーウェイ』3月号で特集します。脳トレで大切なのは、テキストが半分、語りが半分です。これらがセットになって脳トレ士になれます」

この後、舘野健三先生が実際に指導している場面を再現された。若いですねとほめることが大切である。想起モードを思い出せる。みんなで話し合い、見つけることが大切である。川島先生のように1+1=2のような計算では飽きてしまう。

「漢字、計算をやらせるだけではいけないのです。言語活用能力、記憶再生力などの5因子が必要なのです。さらに語りが必要なのです。その部分があるから元気になるのです」と向山先生が話された。

向山先生が強調されたのは、脳トレ士で大切なのは、テキスト半分、語り半分で指導するということである。これは赤ネコ漢字・計算スキルでも同じである。語りによって、笑いが生まれ、共感が生まれ、昔のことが思い出される。ドーパミン、セロトニンが生まれる。結果として、脳が活性化され、認知症が予防できるのである。

北京ダッグが出された。すると向山先生がすっと立たれてお話をされた。

「中華料理は、横浜、神戸などが有名ですが、清朝政府の革命によって、料理人が日本に逃げ込んできました。ここ銀座周辺です。ですから血筋が違うのです。ここは横浜よりおいしいのです。清朝政府の料理人が開いた場所なのです」

説明を聞いて中華料理の流れを初めて知った。お話を聞いた後食べる料理は、一段とおいしく感じられた。向山先生の博識には驚き、勉強になった。

長田《おさだ》修一
テキストと語り、どちらも修業になります。挑戦します。

松藤司
「アタマげんき」の問題一つ一つを解説できないといけないと思います。脳の本は毎日、鞄に入れています。

舘野健三
月曜日に、オーストラリアの現地訪問について、話をしてきました。近いうちに連絡を取ってくれるそうです。遅れたら、いつでも行ってください。脳トレ出前講座、私が都合が付かないとき、行ってください。

古橋鶴代

「漢字、計算をやらせるだけではいけないのです。言語活用能力、記憶再生力などの5因子が必要なのです。さらに語りが必要なのです。その部分があるから元気になるのです」。ありがとうございます。算数の授業、頭に入るよう「語り」を意識します。

（2）3秒間以上の空白禁止　2011年8月26日

舘野先生が、脳トレを指導するときには、声を高くしてテンションをあげないと、こちらに集中しないと話された。それを聞いて、向山先生が立たれて次のお話をされた。

「昔、NHKラジオで2時間番組に出演しました。打ち合わせをしたのですが、全員テンションが違っていました。マイクで語ると、ものの見事でした。向山は、原稿なしで、言い直しもなしで、しゃべりました。テレビで3秒空くとバカに見えます。大森第四小学校の集会活動の指導では、3秒以上の空白がないように指導しました。4秒の空白があったらマイクは持つなと言いました。空白は3秒までだと指導しました」

私は向山先生の出演された番組を聞いたことがある。ソフトで滑らかな語りであった。しかも、言葉は明瞭でよく通る声である。聞きやすく、知的な話し方である。話の間もよい。対談であったが、確かに3秒以上の空白はなかった。

根本がよさこいソーラン・カナダの報告をした。最後に来年はコスタリカに行きたいと話すと、向山先生がすっと立たれて次のお話をされた。

「コスタリカは軍隊のない国です。昔、渡部さんという方が、音楽祭を企画しました。一つは、広島、ベトナム、アウシュビッツ。もう一つは、スイス、広島、コスタリカです。

準備を進めていましたが、実現しませんでした。アメリカ国内の退役軍人会で猛反対にあって、つぶれてしまいました。代わりにスミソニアン展が行われました。コスタリカは白人国家です」

コスタリカと言っただけで、向山先生は即座に上記のエピソードを話してくださった。軍隊のない国、白人国家であること。スイス、広島、コスタリカの共通点まで話してくださった。中央事務局会議の打ち上げ会は、知的な会である。向山先生のご指導が入るからである。

佐藤泰之

向山先生の指導、すごいです。その知的さが伝わってきます。空白禁止を集会活動でも指導をしていたということをお聞きして、自分の学校での指導に生かしていきたいと思いました。

溝端達也

やはり、別世界ですね。向山先生の知識量は、底が見えません。凄い！

村田淳

コスタリカツアーとは壮大！です。幅広い知識に、ため息がでます。知は力なりを改めて感じました。エピソード、ありがとうございます。

向山洋一

コスタリカ、スイス、広島の平和音楽祭の企画に、私も関与していたのです。戦後50年の企画です。

末廣真弓

向山先生のお話を聞いて、ますます、私もコスタリカに行きたくなりました。学校の図書館にいったら、何と、子ども向けのコスタリカの本がありました。すごくびっくりしました。まずはこの本を読んでみます。ぜひ、和太鼓でかかわることができたら、いいなあと改めて思いました。

和田孝子

３秒以上の空白禁止。勉強になります！　向山先生の知識の奥深さ、教養の幅の広さに圧巻です。コスタリカ、大成功させましょう!!

大野眞輝

空白禁止。私自身も、子どもに指導するときも、意識していきます。確かに、集会活動の時に、子どもたちが騒いでしまうのは、司会する側に原因がありますね。

(3) コスタリカ　スイス　広島　2011年8月27日

広島の平和音楽祭の企画に、私も関与していたのです。戦後50年の企画です。

夏の中央事務局打ち上げ会、向山洋一先生のご指導②　３秒間以上の空白禁止のダイアリーに対して、向山先生がコメントを書いてくださった。

「コスタリカ、スイス、広島の平和音楽祭の企画に、私も関与していたのです。戦後50年の企画です」

それに対して、次のコメントを書かせていただいた。

「向山洋一先生

コメントありがとうございます。コスタリカ、スイス、広島の平和音楽祭の企画に関与されていたとのこと、コスタリカ訪問の意義、価値ができ、嬉しく思っています。平和への願いを込めて来年度は参加するようにいたします。ＴＯＳＳの活動を広めていきます」

一昨年お世話になったサンフランシスコの山口かおる先生から、コスタリカについての情報が届いた。

「気が早いのですが、こんなコスタリカ紹介サイト、見つけました。

http://www.ecostarica.net/

戦争放棄国、エコ国。

日本の子供達に伝えたいことが沢山学べる国のようですよ」

サイトには、コスタリカの紹介がしてある。山口先生は、来年サンフランシスコからコスタリカに参加してくださる。今年もバンクーバーに参加してくださった。

向山先生の戦後50年の企画をよさこいソーランで実現したい。今から準備して有意義な交流ができるように計画していきたい。

末廣真弓

今日、北方領土に行かれたという先生の話を聞き、カナダでの話も思い出しました。「平和」について考えた1日でした。コスタリカ、広島、スイスのつながりを教えていただき、自分も、人との交流から、「平和」につながっていきたいと思います。

竹内淑香

私は、幼い頃、「コスタリカは、軍隊のない国だよ」と、母から聞かされ、興味を持っていました。今、そのコスタリカの計画が、目の前に広がり、興奮しています！

塩苅有紀

かおる先生がサンフランシスコから参加してくださるとのこと！　すごく嬉しいです。向山先生のコメントを拝読ししっかりと勉強してツアーを実りあるものにしたいと強く思いました。

4　8月　第2回チーム・ドリーム会議

(1) チーム・ドリームでどのようなことをしたらよいか　2011年8月31日

8月30日、17時から18時30分まで、TOSSインターランド事務所で、第2回チーム・ドリーム会議が開催された。向山先生から、特別にお招きいただき、参加させていただいた。

議題は「チーム・ドリームでどのようなことをしたらよいか」というものである。参加者は、光村教育図書より時枝良次専務、青木こずえ課長、正進社より小林伸二社長、坪井秀之課長、どりむ社から税所貴一専務。TOSSからは、向山先生、谷先生、師尾先生、美崎さん、根本である。

チーム・ドリーム会議の目的は、新しい分野の教育に関する研究、教材制作である。向山先生から詳しい提案がなされた。提案は、今後のTOSS活動についての内容である。のちほど、向山先生から明らかにされることと思われる。

極めて重要な会議に参加させていただき、勉強になった。向山先生の提案に対して、各社の皆さんから鋭い質問、意見が出された。それに対して向山先生は、冷静に、的確に、丁寧に答えられた。

向山先生のお話には無駄がない。論理的であり一貫性がある。各社の皆さんも説明に納得され、原案が了承された。約40分である。その後、各社から「チーム・ドリームでどのようなことをしたらよいか」についての提案がなされた。

各社、それぞれ五つの提案がなされた。具体的である。資料に基づいて向山先生から質問、意見が出された。

検討していく中で、中身が膨らみ、問題点が明らかになり、課題が明確になった。
これから始まる新しい事業の企画会議に参加することができ、胸が高まった。どのように展開し、どのように発展していくのか楽しみである。次回から、会議の中で出されたエピソードについて報告する。

三好保雄

今まで各社から出された教材は、すべて大成功で、子どもたちの事実がそれを証明しています。多くの子どもたちが救われています。最先端の情報をありがとうございました。

岡本純

どんどん新しい企画が誕生しますね。向山先生の創造力（想像力）は限りがないです。いつもありがとうございます。

佐藤道子

すごいメンバーの中によんでいただいてよかったですね。根本先生のご退職を向山先生はどんなに喜んでおられることでしょう。♪若者よ　からだを鍛えておけ……その日のために　からだを鍛えておけ♪。鍛えられた根本先生の益々のご活躍をご祈念しております。

（２）認知症予防とＴＯＳＳノート　２０１１年９月１日

緊張したチーム・ドリーム会議の中で、向山先生がお話しされるエピソードは、座を和ませ、会議の緊張を解いていく。認知症予防とＴＯＳＳノートの話題が出た。
「公文も認知症予防に介入しています。このようなパンフレットを各施設に持って行き、宣伝しています。内容は漢字、計算教材です。川島先生の内容です。これをやると、高学歴の人が「バカにするな」と怒るそうです。できる人とできない人との差が大きいのです。

ＴＯＳＳの教材は、吉川先生が監修しています。脳科学の偉い人です。清泉女子大学の学長です。旺文社に勤めていた小貫さんと一緒に仕事をされています。５因子から問題を作成しています。テキストが半分、語りが半分です。上勝町は厚生省の公的資金をとって実施しています。認知症予防の教材はＴＯＳＳ対公文の戦いです」

向山先生が話されると、大変分かりやすい。公文の認知症予防のパンフレットのカラーコピーを取り出し、参加者の皆さんに紹介された。話だけでなく、実際に物を使って説明されるので分かりやすいのである。それと比較して、ＴＯＳＳ教材のよさを強調された。

向山先生の手元には、発売されたばかりのＴＯＳＳノートが、３種類、３冊ずつ置かれていた。参加者に手渡して、実際に見せながら説明をされた。

「今度、研究所からＡ４のＴＯＳＳノートが販売されました。１冊１００円です。ピンク、ブルー、ブラックの3種類です。ピンク、ブルーは32ページです。ブラックは64ページです。理科の観察や実験の用紙を貼ったり、プリントを貼ったりするのに便利です」

「とても素敵です。いただいてもいいですか」「どうぞ、どうぞ」と向山先生は、参加者の皆さんに差し上げた。私どもも、後ほど、美崎さんから3種類のＴＯＳＳノートをいただいた。多くの学校で採用し、活用していただきたい。

小田原誠一

Ａ４のＴＯＳＳノートができるのをずっと思っていました。私は、字が大きいので、とっても嬉しいです。

子ども達に見せたら、どうなるか楽しみです。自学ノートの特別版にしようと考えています。

村田淳

吉川武彦学長の清泉女子短期大学は、ふしぎな巡り合わせでAnyangoともつながっていたことをきいてびっくりでした。Anyangoは、英語教材のつながりだそうです。11月の日曜日に、長野でライブがあります。

(3) コスタリカについて　2011年9月1日

話題がカナダ・バンクーバーのよさこいソーラン交流になった。来年はコスタリカを計画していると話すと、向山先生が次のお話をしてくだった。

「昔、音楽祭を計画しました。アウシュビッツ、ベトナム、広島、交響楽団と契約を結ぼうとしましたが、暗いということでやめになりました。次にスイス、コスタリカ、広島が計画されました。共通しているのは、軍隊がないということです。

原爆50年を記念してやろうとしましたが、反対されました。アメリカは広島に原爆を落としたのは正しいと考えているので、猛烈な反対がありました。そのかわりに、スミソニアン展になりました」

コスタリカが軍隊のない国で、平和の象徴であると話してくださった。そして、日本人学校を通して、教材を入れていきたいとも話された。これには、企業の方も賛成された。

日本人学校、補習校では教材に困っていると、サンフランシスコの山口かおる先生が話していた。補助教材を外国に送りたいと向山先生も賛成された。

根本から、よさこいソーラン交流を通して外国にＴＯＳＳのサークルを作っていきたいと話した。サンフランシスコにでき、バンクーバーにもできそうである。コスタリカでは、日本人学校の先生とも交流をしたいと話した。

末廣真弓先生、竹内淑香先生から、コスタリカ募集の案内がされている。多くの皆さんのご参加をお待ちしている。向山先生の企画された音楽祭をよさこいソーランで実現したいと願っている。

塩苅有紀

向山先生が企画された音楽祭をよさこいソーランで実現‼　すごくわくわくします。

佐藤泰之

日本人学校、補習校では教材に困っているということを初めて知りました。根本先生の行われているよさこいソーラン交流が、ＴＯＳＳが世界に広まっていくきっかけになっているのだと強く感じました。

5　9月　新第二TOSSビルでの会議

(1) 丸山美香先生へのコメント　2011年9月3日

丸山美香先生の「アニャンゴ薬師寺ライブプロジェクトチーム発足会」のダイアリーに対して、向山先生が次のコメントを書かれている。

「ありがとう　高台寺　薬師寺と　道を開き　井戸を掘ったのは　杉谷君たちですから　恵理子はその線で進めたいようです　私も賛成です　井戸を掘った人と仕事をするというのは　昔からの私の生き方です　勿論その流

れの中に参加してくれるのであれば　大変うれしいです　又この流れと違う井戸を掘ってくれるのであれば　とてもうれしいことです　仕事には井戸を掘る苦労をした人がいて　驚きの出会いがあって　その出会いが大きな広がりを持ってくるのです　この流れはとても大切です　たった一人との小さな小さな出会いが　巨大な流れを作る体験を私は　数えきれないくらいしてきました　出来るなら　お手伝いの仕事ではなく　流れを作る　井戸を掘る仕事にも挑戦してください　それが一門の仕事の作法です」

特に次の文章に心を打たれた。

「仕事には井戸を掘る苦労をした人がいて　驚きの出会いがあって　その出会いが大きな広がりを持ってくるのです　この流れはとても大切です　たった一人との小さな小さな出会いが　巨大な流れを作る体験を私は　数えきれないくらいしてきました」

向山先生は人を大切にする。特に井戸を掘ってくれた人への思いは深い。たった一人との小さな小さな出会いが、巨大な流れを作る体験をされてきたと述べている。

今度、明治図書を退職された江部満編集長との出会いはまさにそうである。９月19日に開催されるシンポジウムは、とても楽しみである。

私も向山先生との出会いによって、大きな流れを作る体験をさせていただいてきた。「流れを作る　井戸を掘る仕事にも挑戦してください　それが一門の作法です」とも述べている。お手伝いではなく、私も、井戸を掘る人間になりたい。

井上茂

根本先生、私も向山先生のコメントに感動しました。【出来るなら　お手伝いの仕事ではなく　流れを作

る　井戸を掘る仕事にも挑戦してください　それが一門の仕事の作法です】。認知症予防脳トレ士の拡大に向けて、私は井戸をほります。「ありがとうございます」。

桑原和彦

私は根本正雄先生に出会い、過分な仕事や修業をさせていただきました。根本先生との出会い無くして、今の自分はあり得ません。今度は、私より若い先生に、そのように思っていただけるような井戸を掘る仕事をしてまいります。根本先生、またご指導ください。

吉川廣二

19日の江部編集長のシンポジウム。今から、楽しみです。第2回30代合宿の時、向山先生、江部・樋口両編集長、そして、根本先生に初めてお会いしました。今でも、忘れません。

（2）新第二TOSSビルの感想　2011年9月7日

9月6日の中央事務局会議は、新第二TOSSビルの3階会議室で行われた。2階までの階段を上がると、絨毯の敷き詰められた3階の会議室である。長方形の部屋である。壁は真っ白で、明るかった。40名近い事務局員が向かい合う形で、全員座れるスペースである。リニューアルされた部屋とは思えない新しい部屋である。

18時から資料が配付された。40枚以上のレポートが、約10分で配られた。向山先生は、座ると同時に「新しいTOSSビルの感想はどうですか」と聞かれた。

①明るいです。
②部屋数が多いです。分科会ができます。
③階段から見ましたが、素敵でした。

④表の看板がどういうのになるか、楽しみです。

次々に感想が述べられた。美崎さんからは、「窓は二重窓にします。外に声が出ないようにします」。向山先生からは、「蛍光灯を増やしました。明るくなったでしょう」と説明があった。前回来たときよりも壁も白く、天井の蛍光灯の数も多くなり、部屋全体が明るくなっている。部屋数も多く、サークルや会議が同時にできる。風呂場もあり、宿泊もできる。２階の会議室にはスマートボードも置かれていた。最後に１階の倉庫を見学した。最初の入り口で止まっていると、向山先生が「もっと中まで入ってください」と言ってくださった。遠慮なく入ると、本当に広かった。横も広いが奥行きもあった。普通教室と同じくらいの広さである。倉庫には、びっしりとスチール製の本棚があり、書籍が置かれていた。本棚は隙間もなく、びっしりと並んでいる。「事務所の皆さんで引っ越しをされたんですか」と質問すると「プロの業者にやっていただきました」と向山先生が話された。素晴らしい第二ＴＯＳＳビルであった。

向山洋一

会議の時、体調不良でしたが、その後大丈夫の様です。アルコールなしで、久しぶりに、６時間熟睡しました。ご心配おかけしました。

郡司崇人

７月に、向山先生が表から案内してくださいました。（青年事務局のときに）中に入る日を（入れるのかな？）楽しみにしています。

渡辺大祐

教えてくださりありがとうございます。研究所を朝からイメージして、ワクワクしました。

（3）鈴木俊博氏と脳トレの話　2011年9月8日

9月6日の中央事務局会議には、TOSS教育事業本部長・プロデューサーの鈴木俊博氏が参加されていた。当日、鈴木氏が話された内容について、鈴木氏のご了承をいただいたので、概略を報告する。

「郵政教育、節電教育ではご協力いただきありがとうございました。日本ヴォーグ社というのがあり、着物やこいのぼりのリメークをしています。脳トレについても全国展開ができるように考えています。厚生労働省が行っている事業の第1号に上勝町が選ばれました。介護予防の支援センターです。

日本ヴォーグ社のこいのぼりリメーク、着物、押し花なども統合的にやるように計画しています。来週の火曜日、毎日新聞社の1～4階の〈もったいないコーナー〉で展示会が開かれます。来年、アニャンゴもリオのプロジェクトでコンサートを行う予定です。2万人の押し花の先生を学校へ派遣します。ご協力、よろしくお願いいたします」

続いて向山先生から、脳トレについてのお話があった。

「脳トレ、三井住友銀行と一緒にやっていきます。公文の学習療法があります（パンフレットを見せる）。漢字、計算をやっていきます。そうすると、バカにするなと怒るそうです。川島先生はいいと言っているが、脳外科の林先生は、全然なっていないと言っています。横山ドクターも同じです。川島先生は脳トレが効果があると言っているが、脳が緊張しても同じような症状が出るので、証明にはなっていないのです。

TOSSの脳トレ教材は、自己肯定感が得られるのです。教師の方が臨床できるので、学校で確かめてほしいです。両方並べるとどうなるか、やってほしいのです」

公文とTOSS教材の両方をやって、比較してほしいと言われた。学校現場で実際にやってみれば、どちらが効果あるのかが分かる。実際に実践して確かめてほしい。

井上茂

くもんの『学習療法の秘密』に載っている教材と『アタマ元気』の教材を比べると、断然『アタマ元気』の方がいいです。これからも、「脳トレ」情報よろしくお願いします。

根津盛吾

すごく大切なことだと思います。学校の子どもたちに対しても、です。ぜひやろうと思いました。ＴＯＳＳでしかできないことです。

加藤大揮

根本先生、最新情報を教えていただきありがとうございます。脳トレを広めていくために、勉強します。静岡でも展開していきたいです。

(4) TOSS中央事務局検定セミナー　2011年9月10日

懇親会に移り、９月３日に実施されたＴＯＳＳ中央事務局検定セミナーのご指導が、向山先生から行われた。この指導が勉強になった。直接、向山先生が個別に指導されたのではなく、次の順に感想を発表させていかれた。

①進級・昇段しなかった人の感想
②進級・昇段した人の感想
③受験しなかった人の感想
④評定した人の感想

感想を発表することで、聞いている人は勉強になった。進級・昇段しなかった理由を語ることは、自己分析を行い、どこが悪かったのかの反省を述べることになる。

反対に進級・昇段した人の感想からは、工夫や努力したことが発表され、次回に挑戦する人の参考になる。

直接、向山先生が個別に指導しなくても、自己評価、相互評価を通して、評価のシステムがなされているのである。普通はここまでである。向山先生の凄いのは、「受験しなかった人、どうぞ」と受験しなかった人にも感想を言わせたことである。

次回は受験するようにと言外に指導されたのである。発言することで、TOSS中央事務局検定セミナーへの関わりが生まれる。受験しなかったから、関係がないのではない。

最後に、評定した松崎先生、谷先生からの感想があった。評定者の立場から、どのような観点で評価し、努力しているのかが明確に述べられた。

進級・昇段しなかった人の感想としては、指導案が薄かった。テーマを強引にやってしまった。枠組みが小さい。大きな枠組みで考えるなどが出された。

進級・昇段した人の感想としては、突っ込みがよいと言われた。まだまだなので1年間追いかける。指導案が薄い、指導案と授業の関係を深める。脳と音楽と体育の関係を勉強していく。向山先生のお話が書いてあり、見えていない物が見えてきた。

受験しなかった人の感想としては、本、資料は集めたが、自分の実践がついていかなかった。次回、挑戦したい。就労支援の授業、1年間かけて作っていく。

評定された松崎先生からは、B表、A表の検定で年間600本ほど行う。見ていくのは、構造、単元計画、項目などである。A表は調べつくしたものがほしいとお話があった。

谷先生からは、向山先生から厳しく行うように言われた。本セミナーのために30冊の本を買って、下調べをして検定に臨んだというお話があった。

最後に、向山先生からは、「審査する方が大変であり、大事である」という指導がなされた。

検定セミナーの評価システムを今回は学ばせていただいた。目から鱗の内容であった。サークルでの検討会でも活用していただきたい。

近江利江

昇級しなかった一人です。自己分析まだまだ甘かったです。何しろ「指導案」だということ。ただの羅列では駄目ですべてに意味がある。句読点一つとってもである。肝に銘じます。

井戸砂織

10月に名古屋で検定を受けます。谷先生、松崎先生、井上先生、木村先生が講師です。

貴重な学びをありがとうございます。

（5）在コスタリカ日本大使館からの返信　2011年9月12日

第二TOSSビルの会議で向山先生は、「お話のある方はどうぞ」と話され、氏名なしの発表がなされた。TOSSの活動にかかわる近況報告をしていくのである。

懇親会の中央事務局検定セミナー感想発表の後、第二TOSSビルの会議で発表しなかった人に向かって、「会議でお話をしなかった人、どうぞ」と向山先生が話された。私も会議では話さなかったので、コスタリカ訪問についての話をした。すると、向山先生が「大使館にも行くのですか」と質問された。

「会議でも提案しましたが、来年のよさこいソーランセミナーは、コスタリカに行くことになりました。在コスタリカ日本大使館から、表敬訪問許可の返信が届きました。すでに9名の参加者がいます。大阪の和田先生がカラーのチラシも作成してくれました」とお答えした。

師尾先生から、「根本先生も踊るのですか」と聞かれた。「勿論、踊ります。私が踊るのは海外だけです。日本では指導する立場なので踊りません。海外だけで踊ります」と言うと、爆笑が起こった。向山先生も笑っておられた。

在コスタリカ日本大使館からの返信を以下にご紹介する。来年度も正式にコスタリカ大使館訪問をし、TOSSの活動について報告を行う。

「平素よりお世話になっております。在コスタリカ日本大使館で広報文化を担当しております、○○○○と申します。

○○様を通して、2012年コスタリカご訪問のお話を伺いました。積極的な海外普及活動は大変素晴らしいことと思います。そのイニシアチブに敬意を表します。

私自身、札幌出身ですので、YOSAKOIのことは良く存じております。自ら参加したことはありませんが、私が札幌を出た99年頃には、もうすっかり札幌の風物詩として定着していたように記憶しています。

あのエネルギッシュな踊りは、札幌そして日本文化を豊かにさせる大事な文化的財産と、個人的には思っております。当館へのご訪問については大歓迎です。8月8日午前ということで、了解しました。

ところで、このコスタリカ訪問日程は既に確定でしょうか？　せっかくの日本を代表する踊りを披露する機会なので、もしコスタリカでダンス・フェスティバルなどの文化イベントがあれば、それに参加できる可能性はあるでしょうか？

日本の踊りを見る機会はコスタリカではほぼ皆無で、そういった場に参加すればコスタリカ人は大喜びすると思いますし、注目度もぐっと高くなるでしょう。８月周辺にどういったイベントがあるのかは調べないとわかりませんが、もしある程度日程に柔軟性があるのであれば、「○月○日～○月○日の期間ならＯＫ」というように教えて頂ければ、当方でその時期のイベントを探すことは可能です。既に日付も活動内容も決まっているのであれば、ご放念ください。

日本文化を海外に伝える大事な使命を帯びた皆様ですので、当館としてもできることは是非協力したいと思います。ご検討の程、宜しくお願い致します。

在コスタリカ日本大使館

○○○○」

和田孝子

詳しく教えてくださり、感謝します。コスタリカツアーのチラシ、お役に立てたなら幸いです。いつもありがとうございます。

どんどんＹＯＳＡＫＯＩが広がっていき、今後が楽しみです。

塩苅有紀

向山先生への報告をどのようにされているのか、いつも詳しく教えてくださり、ありがとうございます。その場面が目に浮かぶようです。向山先生も注目してくださっているコスタリカツアー、よりよいものになるよう、私も微力を尽くします。

(6) 向山型体育フェスティバル　2011年9月24日

『楽しい体育の授業』10月号のグラビアは、2011年7月23日に開催された「向山型体育フェスティバル」で、向山先生が直接指導されたときの様子が写真で紹介されている。村田斎氏の撮影された写真と解説が掲載されている。

このグラビアは3ページとも写真が中心で構成されている。向山先生のケンパーの指導、縄跳びの指導、水泳の指導場面が鮮やかに記録されている。文章での報告はたくさんされている。しかし、写真での報告は見たことがない。

ここで注目してほしいのは、向山先生の手、腕、指の表現である。村田氏は克明にそれらをカメラで撮り、伝えている。

水泳指導でプールに立たれている向山先生の両手の指は、きちんとそろえられている。無意識での動きであろうが、とても美しい。目線がまっすぐ前方に力強く向けられている。強い緊張と集中力が感じられる。

このグラビアの素晴らしさは、写真と同時に向山先生の指導の言葉がそのまま再現されていることである。

①「ケンパー　ケンケンパー」どうぞ。できているかできていないかを厳しく判定します。「ケンパー　ケンケンケンケンパー　ケンケンパー」どうぞ。

②「すごい運動量でしょ。私は動きの説明はしません。10回やったら次へいきます」

③「授業うまいね、自由度がある。一つ一つ区切っている」

④「見ていられなくてやってきました」

直接、指導された言葉がそのまま写真と共に記録されているので、追試ができる。貴重なグラビアである。是非、『楽しい体育の授業』10月号をご購読いただき、向山先生の指導を写真で学んでほしい。

平山勇輔

このグラビアは絶対にコピーして保存すべきです。貴重な向山先生の体育シーンです。立ち位置や、視線の送り方などを分析できます。根本先生の言われるように、写真から学ぶ点はたくさんあります。

末廣真弓

どうしても参加できなかった会でした。同じ学校の高見澤先生から水泳の向山先生のご指導されている様子をお聞きして、いいなあ、いいなあって思っていました。いきたかったって思っていました。

グラビアを見て、向山先生だってミーハーにしか、見ていませんでした。指先の美しさ、もう一度見直します。ありがとうございます。

根本正雄

向山洋一先生、体育指導の様子が写真で記録されていて、大変勉強になりました。特に手の表現力の豊かさに驚きました。水平に上げる、斜めに下げる、真下におろす。指で方向を示すなど、腕や指が生き生きと間接的な指導をしているのを見て、驚きました。

佐藤貴子

根本先生、グラビアから学ぶことがいっぱいです。私はこの目で向山先生の縄跳び指導やケンパの指導を見て、その運動量の多さやスピードに本当にびっくりしました。「一つ一つ区切っている」といううれしい言葉をいただきました。自分ではあまり意識していないことだったので、驚きました。とにもかくにも、向山先生にほめていただいて、夢のような1日でした。

大谷智士

根本正雄先生グラビアを見直しました。根本先生の解説を聞き自分の力量分しか見えていなかったことがよく分かりました。ありがとうございました。サークルでも紹したいです。

原田朋哉

グラビアのページだけでも大きな価値があると思いました。あの時の向山洋一先生のご指導が記憶によみがえるようでした。また、特集の「子どもの動きを変える〝スパッと個別評定〟」も見ごたえがありました。運動会直前の今だからこそ必要なものだと思いました。

いつも素敵な雑誌をありがとうございます。

6 9月 江部満編集長退職記念シンポジウム

(1) 向山先生の気配り　2011年9月24日

9月19日、東京神楽坂にある出版クラブで「教育世論をリードする〝教師と出版〟のインターフェース―江部満編集長退職記念シンポジウム―」が開催された。全国から100名を超える参加者があった。

12時20分過ぎ、坂の途中で、出版クラブに行く江部編集長の後ろ姿を見かけた。急いで近づき、ご挨拶をした。「本日はおめでとうございます」。すると、少しバランスを崩された。左腕を持って支えた。ワイシャツが汗でびっしょりであった。

「大丈夫ですか」と聞くと、「いや、場所がよく分からなくて、あちこち歩いてしまったよ。今日は遅刻してはいけないと思ってね」と元気に話された。

玄関で石川裕美先生に出会った。「もう、向山先生がいらしています」と言われた。江部編集長と共に２階の会場に行った。受付は12時30分からである。５分前に、向山先生はすでに会場に入ってカバンを置いていた。江部編集長が控室に入ると、向山先生がすかさず、「椅子を持って行って、江部編集長とお話をしてください」と指示をされた。

遠方から参加された先生方に対する気配りである。もう会えなくなる江部編集長に「いろいろお聞きしなさい」とも言われた。私も慌てて椅子を持って部屋に入った。５～６人の先生方が同席した。２分ほどで「ハイ、交替です。次の人と交替してください」と指示された。多くの人に話す機会を設けられたのである。その気配りに驚いた。

普通であれば椅子に座り、待っている。しかし、向山先生は椅子には座らずに、江部編集長と先生方への対応をされていたのである。きめ細かな気配りに心を打たれた。どうしたら、このような気配りが生まれるのであろうかと思った。会が始まるとすぐに向山先生がお話を始められた。さらに気配りの深さに感動した。

夏目雅子

思わず涙があふれました。向山先生は偉大です。

井上茂

前日の脳トレ特訓から、気配りのシャワーでした。何をされても天才というのを、改めて感じました。

小田原誠一

気配りとは、本人の見えない所で、さりげなくするものであると教えられました。本当にあの場に参加できたことに感謝です。

三好保雄

向山先生の気配り、勉強になりました。法則化の立ち上げのころより江部編集長にたくさんたくさんお世話になりました。子どもを救っていくことで恩返ししたいと思います。

(2) ギネス認定証授与の話　2011年9月22日

13時、シンポジウムに先立ち、向山先生がマイクを持たれた。

「北海道から九州、中国、関西、東北と全国から江部満編集長退職記念にご参加いただきありがとうございます。江部編集長には、随分長い間、TOSSのためにご尽力いただきました。

中央企画室では企画を出し、たくさんの本を出してきました。日本一の編集長をどこかに記録としてとどめたい。もしかしたらギネスブックに載るのではないかと思い、谷先生に指示し、世界一に値するのではないかと調べてもらいました。何とギネスを通過しました。江部編集長は世界一になりました。世界一を認定する、認定委員の方がギネスジャパンから今、来てもらっています。公式認定委員です」

江部編集長の雑誌編集が、世界一であるとギネスジャパンの公式認定員によって認められたのである。向山先生からの報告があると、会場からは一斉に拍手がわき起こった。ギネスに登録されることは極めて難しい。その難関を通過したのである。それだけでも驚きなのに、サプライズはさらに続いた。何とそこに公式認定員が、認定書を持って登場したのである。最初、英語で挨拶し、次に日本語で話された。

そして、額に入った認定書を読み上げた。最初は認定書に書かれた英語で、次に日本語で読み上げてくれた。「同じ雑誌の編集長として、53年１１２日、世界一と認定します」という内容であった。公式認定委員から、江部編集長に認定書が渡された。大きな拍手と感動の声が上がった。続いて向山先生からお話があった。

「江部編集長の名前が世界のギネスに残ります。皆さんに見せてください。公式認定委員に拍手をしてください」

江部編集長は、向山先生に促されて認定書を高々と上に掲げた。喜びの笑みが満面に溢れていた。約54年間の編集長の功績が世界のギネスに刻まれたのである。個人としては、日本で5番目の認定であるとの報告があった。

向山先生のギネスに登録するという発想に驚いた。江部編集長の功績をギネスに残すという発想は思いもよらなかった。しかも、短期間にそれを実現し、認定委員が直接会場に認定書を持ってきて、授与したのである。向山先生の気配りの深さ、行動力に頭が下がった。この経過については、渡辺喜男先生の「ギネスおめでとうございます。江部編集長退職記念シンポジウム。」に向山先生が経過を詳しくコメントされている。

向山洋一

認定料、表彰式料、イギリス本社への振り込みなど、大変だったのですからね。極めて短い時間での処理でした。例えばイギリスへの送金は、金曜日でした。その日のうちに振り込まないと、アウトです。しかし振り込みには、通常半日かかります。それでは間に合わない。わたしは三井住友銀行の雪谷支店の支店長に、電話をかけ、特別のスピードで処理するよう依頼しました。谷先生に行ってもらったのですが一時間かかりませんでした。これでほぼ完了です。

さらに、谷和樹先生が詳細な経過報告をされている。続いて向山先生のコメントが書かれている。このような経過によって実現したのである。感謝の気持ちをどのように表すか。
江部編集長に対する向山先生の感謝の気持ちの深さが、ギネス登録という形になって表れたのである。ギネス認定証授与での向山先生のお話は、参加者に多くの感動を与えた。感謝の気持ちをどのように表すかを学ぶことができた。

村田淳
もしかしたらギネスに載るかもしれないという発想のスケールがすごいです。そして登録までのスピードがため息がでます。「感謝の気持ちをどのように表すか」ということを、私も考えてまいります。

高橋正和
向山先生に、お世話になった方への最高で最善の気配りを見せていただきました。勉強になりました。

本宮淳平
感動しました。感謝の気持ちの表し方、このような学びができることにＴＯＳＳのすばらしさを感じます。根本先生のダイアリーを拝読することで、自分が変わりそうです。

吉川廣二
ギネスの発想だけでもすごいのに、公式認定委員までお連れするなんて……。絶句しました。またまた、スケールの大きさに参りました。思わず、うなりました。詳しい報告を、ありがとうございました。

(3) 向山洋一・仕事の流儀① 資料の配付　2011年9月23日

江部満編集長退職記念シンポジウムを通して、向山洋一先生の仕事の流儀を学ばせていただいた。13時20分〜

13時20分まで、向山洋一が聞く「向山洋一・若き獅子群像との出会い」が予定されていた。

対談に先立ち、向山先生から３枚のプリントが配付された。

１　教育技術法則化運動の現状と展望メモ　１９８６・９・２６　向山

２　中央企画室会議（７／７）

３　法則化号の到達地点と終着駅　９１・３・２７　教育技術シンポジウム

於・山口県教育会館　樋口雅子

教育技術法則化運動の現状と展望メモは、私もいただいた。中央事務局会議に参加していたからである。しかし、現在はなくなっている。中央企画室会議（７／７）は江部編集長の資料である。法則化号の到達地点と終着駅は樋口編集長の山口での教育技術シンポジウムの配付資料である。印刷物に６５０部とメモが書かれている。

さらに、第二部のパーティーの席上で次の資料を全員に配付された。「法則化中央事務局通信　向山発　１９９１・３・１」。この資料は法則化10年目の節に書かれたものである。

向山先生は全ての記録を保存されている。必要な時に、その資料は私たちに配付される。いかに計画的に仕事を行ってきたのかが分かる。それらの資料には、すべて日付が入っている。いつ、だれに、どこで配付されたのかが明確である。

資料には、仕事の全体構想が書かれている。教育技術法則化運動の現状と展望メモには、現状を踏まえた展望が示されている。現在、そのすべてが実現している。「法則化中央事務局通信」には、「法則化運動解散までの10年間、私たちは共に何を語り、何をするべきなのか」のメッセージを述べている。

大事なことは全て文書にし、発信している。そして文書は記録として残されている。今、読み直してみると、改めて向山先生の仕事の流儀から多くのことを学ぶことができた。

渡辺大祐

大事なことは全て文書にし、発信している。お教えくださりありがとうございます。サークルレポート、原稿、学級通信などたくさん書いていきます。

井上茂

向山先生の提案文書等保存術は、超天才です。過去の資料を必要な時に、いつでも提示出来るように準備されています。まるでドラえもんの四次元ポケットのようです。記憶再生力を扱う前頭葉・側頭葉・海馬の回路が、超活性化されているのです。江部編集長退職記念シンポジウムの様子を根本先生がダイアリーで詳しく報告されているのに、参加された先生方からの反応や発信が少ないのは、とても残念です。

本間尚子

25年も前のメモがあること自体、凡人である私には、到底考えられないことです。資料の整理、保管。私の本当に弱い所です。向山先生の仕事術を教えてくださり、ありがとうございました。

河田祥司

「物を準備すること」一貫されています。

東條正興

全ての記録を残すこと、超一流の仕事の流儀を知ることができました。少しでも意識することで、これからの生き方が変わりそうです。

（4）向山洋一・仕事の流儀②　編集者通信の紹介　２０１１年９月23日

パーティーでは、全国から参加された先生方が１人ずつ、江部編集長に対する感謝のスピーチを行った。その中である先生が「江部編集長が出されていた編集者通信は、途中でストップしてしまいましたね」という発言があった。

その瞬間、向山先生はカバンから編集者通信を取り出され、近くにいた先生方に見せてくれた。私も向山先生のすぐそばにいたので、「編集者通信72号」というタイトルを読むことができた。

続いて、向山先生は「編集者通信、こんなに書かれているでしょう」と話された。その反応の速さに驚いた。同時に「編集者通信72号」をカバンに準備されていたことに感銘した。

いつ、どこで使うのかは定かではないにしろ、江部編集長の業績を述べるために準備をされていたのである。周到な準備に心底、感銘した。最後のスピーチで向山先生は、全員に編集者通信を見せて、次のようなお話をされた。

「編集者通信、ぎっしりと４ページもあります。何号書いたかというと72号です。72号、編集者通信を書いたということです」編集者通信は私も毎号お送りいただいた。そこには、江部、樋口編集長の法則化運動に対する深い理念、活動が書かれていた。

続いて「明治図書の（若い）編集者が来ていますが、明治図書と仕事をしたのではありません。編集者と仕事をしたのです。江部、樋口と仕事をしたのです」と話された。

向山先生は仕事の仕方について、毅然と主張された。江部、樋口編集長との人間関係で仕事をされてきたのである。仕事の仕方について学ぶことができた。仕事は人間と人間の出会いから生まれるのである。そして、お互いの信頼関係から発展し、なされていったのである。その足跡が、「編集者通信72号」であったのである。

千葉雄二

人と人。そこからのつながり。絆。出会いと別れ。あの場で仕事の本質を学びました。

力強く言い切れるように仕事がしたいです。

佐藤道子

向山先生のお宅で、江部様、樋口様、向山先生が編集会議をなさっている場に出くわしたことがありました。

3人の人としてのつながりで法則化運動が進んでいったのですね。

第4章

2011年　秋

パーティーでの教師との触れ合いの様子

1　10月　第3回チーム・ドリーム会議

(1) 電子化の問題　2011年10月5日

17時から18時30分まで、第二TOSSビル2階会議室で、第3回チーム・ドリーム会議が開催された。議題は「チーム・ドリーム　今後の活動について」である。

参加者は、佐々木順司TOSS顧問、光村教育図書より渋谷守会長、時枝良次専務、正進社より杉山恵郎開発部長、坪井秀之課長、どりむ社から税所貴一専務。TOSSからは、向山先生、谷先生、師尾先生、美崎さん、根本である。最初に向山先生からお話があった。

「顧問の佐々木さんから教えていただき、教育していく上で、今後必要なことはどういったことかお聞きし、検討していきたいです」

この後、佐々木顧問から各社を回られた報告が詳しくなされた。

9月13日　光村教育図書訪問
①電子化対応はどのようにしたらよいか。
②国際化対応はどのようにしたらよいか。
③高齢者対応はどのようにしたらよいか。
9月20日　正進社訪問
①教科書の中身がオープンになるのが遅い。

②電子化、高齢者問題。
③著作権の問題。
９月27日　どりむ社訪問
①編集プロダクションの会社で、何のお手伝いができるか。
②コミュニケーションができたのは有意義であった。
③メールをどうぞと言ったら、３通きた。
最初に話し合われたのは、電子化の問題である。向山先生から次のお話があった。
「電子化の問題について、突っ込んで話し合ってみたいです。新聞も駄目、出版も駄目、アニメも駄目、電子化の問題は一般書も考えています。教科書は、シンガポールが10年前から行っています。韓国は13年前からです」
渋谷会長：上からの伝達がないと進まない。上からの伝達があると大きな流れになっていきます。
向山先生：書籍の部数は減っています。ＰＨＰの勉強のコツシリーズ60冊、電子化の予定です。教科書でタブレットができた場合はどうなりますか。
渋谷会長：教科によって違います。単独ではやっていけません。教科書会社とやっていかないとできません。出版社も電子化に力を入れていますが、著作権は紙以外許可されません。
向山先生：進研ゼミ、20年前の論議は通信かファックスかということでした。あと5年たったら、ファックスにすることになりました。しかし、20年たっても通信教育が続いています。スタディブックスは、紙媒体がないとできません。紙媒体で資料集から取り出していく。教科書の代わりになるのかという問題があります。

【略】

【感想】

今回のテーマは、「チーム・ドリーム　今後の活動について」である。佐々木顧問が3社を回り、意見交換をされてきた。その結果を報告していただき、今後どうするかについて話し合われた。

最初は電子化の問題である。どのように電子化に対応するかが話し合われた。各社から、それぞれの考え方が出された。今後、どのようにするかについて、引き続き検討することになった。

溝端達也

電子書籍の研究を進めています。「高齢者の対応問題は大きい」と書いてありました。それと著作権の問題をどうクリアしていくか？　課題は多いですが、流れになっています。

泉田剛志

電子化は重要です。ありがとうございます。被災地の学校でも耐火書庫の文書が流されてしまい。データ化の動きがありました。全体的な流れが必要です。

(2) 国際化・高齢化対応　2011年10月5日

向山先生から、国際化・高齢化対応についてのお話があった。概要を報告する。

「国際化対応については、小沢さんからTOSSの指導法を国際化しないか、TOSSのシステムは抜きんでている、応援するというお話がありました。日本人学校などに入り、国際化できないかと思っています。

数研の理事長、小野さんと先日会いました。数学は国際化できます。漢字の輸出も考えられます。日本は、漢字かな交じり文です。象形文字になっています。漢字英語交じり文にします。「山」をクリックすると英語が出てきます。10年前に作り、帰国子女でやりました。世界に発信していきたいです。静岡県知事はポルトガル語でやってほしいと言っていました。静岡にはポルトガル人が仕事の関係で多いのだそうです」

「渋谷会長：中国で15年前、『標準日本語』というテキストを作りました。初級、中級、上級にして、テレビ局が流しました。相当出ました。墨と筆と漢方薬だけでなく、『標準日本語』もたくさん出ました。韓国もやってほしいと言ってきました」

向山先生から高齢化対応についてのお話がなされた。

「高齢化対応として脳トレ予防を行っています。吉川ドクターが認知症では大物の研究者です。旺文社にいた小貫さんが教材を作りました。公文がやっている計算、漢字をお年寄りにやらせると、「バカにするな」と言うそうです。ＴＯＳＳのテキストでやるとグー、チョキ、パーや迷路などがあります。自然に歌が出てきます。テキストだけでなく、行為についても説明をしていきます。「歌を歌うと前頭葉が活性化します」とか「前頭葉で判断します」などと説明をするのです。

ＴＯＳＳの先生方の間で物凄い反響です。厚労省がやっている事業を上勝町長がすでにやっています。組長さんにもやってもらうようにします。街づくりの中で認知症をやっていこうと思っています。子どもの反応も同じです。おじいさん、おばあさんにも使えます。ＴＯＳＳ型が圧勝しています」

【感想】

国際化・高齢化対応について、ＴＯＳＳが取り組んでいる活動について、向山先生からお話があった。「小沢さんからＴＯＳＳの指導法を国際化しないか、ＴＯＳＳのシステムは抜きんでている、応援するというお話」があったというのは嬉しい。

根本もよさこいソーランで海外に行っている。どの日本人学校、補習校、日本語教室でも、どのように指導したらよいか分からないという話を現地の方から伺ったことがある。サンフランシスコの補習校の先生方は、ＴＯ

ＳＳサークルまで作り、自分たちで研究している。その立ち上げに根本も参加させていただいた。

向山先生は、数学、漢字についても海外進出をしたいと話された。ビジョンの大きさに驚くと同時に、具体的な方法についても語られていたのには脱帽した。高齢化対応についても、向山先生は分かりやすく話された。どこがどのように優れているのかを公文との比較で話されたので、ＴＯＳＳ式認知予防のよさが分かった。

このようなお話をした後に、各社の皆さんからの意見を出していただき、話し合いがなされていった。向山先生の説明で共通理解を図り、それに基づき意見交換がなされた。共通理解がされないと、話し合いがかみ合わない。会議の進め方についても、向山先生から学ぶことができた。

澤田好男

①日本人学校について
ＴＯＳＳの指導法を導入するには、現状では継続するのが難しいと思います。日本人学校の教員は、３年で入れ替わってしまいます。システムを作っていく必要があります。ただ、教材は入れやすいかもしれません。私は、計算スキルと漢字スキルとうつしまるくんを全学年に採用してもらいました。
②デジタル教科書について
高学年社会科の教科書や資料集は、デジタルで閲覧やダウンロードできるものがあると嬉しいです。中国では、歴史記述と領土の問題で、教科書、資料集、地図帳が税関で留められて入ってきません。道徳も思想の問題で難しいです。よって、デジタル教科書、資料があるときっと喜ばれます。

(3) 楽しいエピソード　2011年10月6日

向山先生の話されたエピソードを紹介する。会議も勉強になるが、向山先生のエピソードも楽しく、勉強になる。いくつかを紹介する。

「明治図書の江部編集長が『現代教育科学』の編集長として53年112日ということで、ギネスに登録されました。81歳です。ギネスジャパンから来て、登録書を授与されました。最初は英語で、その次は日本語でした。

トークラインに美崎さんが〈この目で見た向山社長の仕事の流儀〉を連載しています。大人気です。（渋谷会長から、校閲するんですかと質問がある。）それはありません。美崎さんが書いたままです。

愛知一男さんがいました。地球環境教育を愛知さんがやっていて、スミソニアンに行きました。比例で議員になりました。毎日新聞の本社で行いました。毎日新聞社でマータイさんのコーナーがありました。マータイさんが亡くなりました。娘と環境教育でリオに行く予定でした。

オバマ大統領のおばあさんはルオーの出身です。娘はルオー語もスワリー語もできます。両方できるのは日本に娘しかいません。ですから、娘に、ケニアからの文書が来たとき、外務省からどういう意味かと聞いてきました。感謝されました。

親善大使なので、ケニアから大使が日本に来ると、電話がかかってきます。日本のケニア大使館からもかかってきます。日本、フランスのケニアのホームページにものっています。ケニアで最後にやった演奏会では５万人も集まりました。大イベントを行いました。普通の広場、野原です。

泉田剛志

貴重な情報を毎回ありがとうございます。根本先生の再現力も本当にすばらしいです。メモの仕方に工夫があるのでしょうか。学ばせていただきたいです。

佐藤道子

ご報告、いつもありがたく拝読しています。根本先生のおかげで、向山先生の最前線でのご活躍の様子を拝察できること、私達にとって何よりの元気の源になります。

私もがんばらねば、と思います。いつも本当にありがとうございます。

Ｐｏｐｐ　登美子

根本先生、素敵なエピソードをありがとうございます。恵理子さんは英語も中国語もできるそうです。語学の才能一つだけとっても、すごいです。（英語だけでアップアップしている私です。）

2　10月　中央事務局会議

(1) 図工の作品の紹介　２０１１年10月12日

10月11日、第二ＴＯＳＳビルで中央事務局会議が開かれた。17時30分に着くとすでに舘野先生、石川先生、新牧先生、松崎先生、細羽先生が席についていらした。私がスリッパをはかないで行くと、新牧先生が「スリッパがありますよ」と教えてくださった。「そうですか」と言って、２階に降りてスリッパを履いてきた。

席に着くと、机の上に子どもの絵が並んでいた。「向山先生がご紹介されていた絵というのはこれですか」と細羽先生に伺った。

「そうです。今度の教え方教室に持って行きます」と答えてくれた。

最初に目に入ってきたのは、青木功太君の「あわおどり」の絵である。絵の真ん中に踊っている男の子が１人描かれている。私は、２年生の時の青木功太君を実際に見ている。向山先生の理科の授業参観に行ったときに、体の大きい青木君を見ることができた。その青木君の描いた絵があったので、懐かしく思い出しながら見た。

そのほかに「こおろぎと私」、拡大された写真があった。そっとめくってみると、何と若き日の向山先生が、子どもを抱きかかえてうつっている。学級の集合写真である。凛々しい、若々しい青年教師の姿である。

最も感動したのは、「洋一へ　いつもありがとう　向山まき」と墨で書かれた半紙である。もう１枚には「希望」と書かれていた。お母さんの感謝の気持が、温もりのある丁寧な書体で書かれていた。胸があつくなるのを感じた。

17時50分、向山先生がいらした。「1階にプレゼント用の資料があるから、ほしい方はどうぞ取りに行ってください」と話された。18時2分。みんなの帰るのを待って、お話を始められた。

「始まる前に説明します。32年の教師生活の中で、1年が1回、2年が2回、図工を指導しました。専科の先生が指導するので、休みのときとか出張のときに指導しました。

1年生の昆虫の指導では、〈画用紙に自分を閉じ込めなさい〉と言いました。あわおどりでは顔が大きく描かれています。〈自分を描きなさい〉と言いました。1人の女の子は自分を大きく描き、友だちを小さく描いています。しかも重ねて描いています。なかなか、できません。

5・6年の版画です。花が彫られています。〈線をうかす〉ように彫られています。大森第四小学校のときの教え子の絵です。校舎を描いています。1版多色刷りです。レヴェルの高い、高度な絵です。

新卒の時の滝の絵です。日光の滝です。トークラインの表紙にもなりました。風景画も書かせました。秋の景色です。動物を描かせたとき、高山洋平君は動物が描けないと言って、蟻を描きました。画面に一杯、たくさんの蟻をこのように描きました。

〈空と海を描きなさい〉と言ったらこんな絵ができました。この朝顔の絵は、向山が5年生の時に描きました。今度の教え方教室で全部お見せします」

【感想】

向山先生の図工の指導のお話を聞くことができた。今から30年も前に書かせた絵が残っていることに驚いた。しかも丁寧に保存されている。さらに指導の素晴らしさに感嘆した。

現在の酒井式を思わせる指導である。「画用紙に自分を閉じ込めなさい」「自分を描きなさい」という指導で、実際に足が絵に入りきらないので、上に曲がって描かれている。青木君の阿波踊りも、画用紙の中央に1人大きく描かれている。

題材が豊富である。構成も素晴らしいが色彩も見事である。特に「空と海」の絵は描きこまれ、作者の思いが伝わってくる重厚な絵である。これらの絵が、教え方教室で見られるという。

向山先生の指導された子どもの絵を見ておくことは、これからの図工指導に役立つ。実際に自分の目で見てほしい。向山先生の解説を直接聞いてほしい。一生、心に残るに違いない。

本間尚子

根本先生、ご報告ありがとうございます。向山先生の解説を直接聞きたいです。そして、この目で本物を見たいです！

高橋正和

私も向山先生がご指導された作品を拝見したことがあります。どの絵ものびのびと力強く描かれていました。向山先生がほめまくって指導したのだろうと想像しました。特に版画と共同制作作品が強く印象に残っています。版画は造形的にもすばらしい作品でした。

原田朋哉

詳しいご報告ありがとうございます。「画用紙に自分を閉じ込めなさい」という指示が、すべてを物語っているようです。絵を拝見したくなりました。詳細な描写をありがとうございます。

（3）甲本卓司先生のお米の話　２０１１年10月14日

二次会では、甲本卓司先生のお米の話が出たので報告する。社会科の教材研究である。大変勉強になった。

「甲本先生は農協から脱皮しようとしています。最初にお米の案内を出したところ、３件しか申し込みがありませんでした。正進社の小林社長が６００社の教材屋さんに紹介したところ、１００件の電話がかかってきたそうです。正進社の社長が喜んでくれました。

お米のおいしいのは、山の高いところの津山のようなところ、平野では東京のタシロです。甲本先生は福島の震災地に救援米として、次の日に送ったそうです。コシヒカリです。わさび棚を作るような所で栽培し、精米して送ってくれます。驚くほどおいしいです。

農協支配ではできないのです。甲本先生の家には、広い田んぼがあるのです。新潟の大森先生のところのお米もおいしいです。銀シャリが立つくらいのおいしさです。大森先生の米、タシロの米、甲本先生のコメがとてもおいしいです」

師尾先生から、「梅はどこがおいしいですか」と質問が出た。向山先生は、即答された。

「それは紀州です。紀州では１００種類の商品を作っています。教育では、何で１００種類の教材ができないんだ」と言われた。

【感想】

二次会の話題は豊富である。いろいろな話題が取り上げられる。しかし、全て教育の話につながる。今回も甲本先生のお米の話が出された。私も５キログラムの白米をお送りいただいた。甲本先生のお米がおいしいところから、どういうところで栽培されている米がおいしいのかを教えていただいた。

紀州の梅の話もそうである。１００種類もあるとは知らなかった。たった一種類の梅が、１００種類もの商品になるのである。教育でも１００種類くらい作ってほしいと向山先生は話された。

原田朋哉

「たった一種類の梅が、１００種類もの商品になるのである。教育でも１００種類くらい作ってほしいと向山先生は話された」

そういった発想力、企画力などが生き残っているのだと思いました。いつも詳細なご報告ありがとうございます。

村田淳

梅１００種類のおはなし、うなりました。瞬時に数字が出てくる向山先生の知識の幅広さ、そして教育とのお話。教えていただき、ありがとうございました。

小田原誠一

甲本先生のお米、とても美味しいです。実際に食べてみると、よくわかります。母は、実家が農家なので、この話がよく分かります。

糸木佳奈子

南紅梅を6月になったら購入して、漬けます。梅はもう和歌山の梅以外わが家ではつけません。甲本米、本当においしいですよ。お世辞抜きです。近江米も美味しいんです。やはり海抜が高いところですから。そして、何より水がいいです。でも、それと同じぐらい、いやまた違う味なのですが、噛めば噛むほど美味しいんです。私はおべんちゃらはいいません。つきたて米とかいた袋で送られてきます。年間コース花丸です。農協支配じゃない、甲本米。組合支配じゃない、ＴＯＳＳ。どちらもスタンダードになれば、日本はもっともっとよくなるはずだと確信した夜でした。

高橋正和

「教育では、何で１００種類の教材ができないんだ」本当にそうです。もっともっと汗を流さねばなりません。美術図画の授業で１００を目指します。

三好保雄

私も甲本先生から紹介いただき、５キロほど玄米で購入させていただきました。我が家の家庭用精米機でその都度、七分づきで精米し食べています。おいしかったです。

本間尚子

「１００種類の教材・教具」これが実現できたら、本当にどの子も伸びる教科指導ができそうです。「～なったらいいな」「～したらもっといい教育ができる」そういう視点で考え、行動することはとても大事なことですね。現状に文句を言っているばかりではだめですね。文句も言うけど、行動も！　教えてくださりありがとうございました。

東條正興

１００種類の梅と１００種類の教材の話、なるほど～と思いました。私たち教師ももっと努力を積まねばならないと痛感しました。教育も農業に学ぶことがたくさんあるのですね。

（4）結婚式の返信の書き方と本間先生の応募論文　2011年10月14日

研究所のYさんが結婚式をあげられたというお話があった。すると美崎さんが、「向山先生から、結婚式の返事の書き方を教えていただきました」という話が出た。返信のはがきのコピーが回された。私も手にとって見せていただいた。その後、向山先生から、次のお話があった。

「宛名に、行と書いてありますが、これは寿という文字を書いて消します。裏のご芳名は、御と芳の両方を消します。御出席は、御を消して、出席いたしますと書きます」

詳しく説明していただいた。行を寿で消すということを初めて知った。目から鱗である。しかも、御出席の御を消して「出席」にしたあと、「出席いたします」と書くことも初めて教えていただいた。

二次会の席ではこのような基本的な文化についてもご指導がある。レヴェルの高い二次会なのである。次のような貴重な情報も語ってくれた。

「美崎さん、新潟の本間さんの応募論文、全部、コピーしてください。本にします。本間さんは10年間、最初から毎回応募論文を書いて応募してくれました。発刊以来、ダントツに優れています。みんな、書き写した方がよいです。本間さんは新潟なので、セミナーに参加できないと言って１００回も欠かさずに応募してくれたのです」

【感想】

二次会は、いろいろな話題について向山先生が話してくださる。しかも、私たちの知らない知識であり、情報である。そのような知識、情報を多くの皆さんにお伝えしたいと思っている。

そういう意味で、中央事務局会議、二次会は学びの宝庫である。これからも多くのことを学び、皆さんにお伝えしていきたい。

本間尚子

根本先生、ありがとうございます。私の名前があり、驚いて拝読させていただきました。そしたら驚くことがたくさん書いてあり、本当にびっくり仰天しています。向山先生からこんなに褒めていただいていいのでしょうか。そして、本ですか！　思ってもみなかったことが次々に起きて本当に驚くばかりです。教えてくださりありがとうございました。

本田唯

本間尚子先生の論文、本当に大好きです。本になるなんて私も嬉しくなってしまいます。ご報告ありがとうございます。結婚式のとき、「寿」で消して返信してくれていた友達が2人いました。1人は前年に結婚式を挙げた人、もう1人は商社の営業マンでした。企業ではこういうことを習うところもあるようです。

普通の社会人は知っているのに、教師は知らない、なんていうことが結構多いですよね。

「教師だから世間知らずは仕方ない」なんて言われないように、一般の人以上の教養を目指したいです。

青戸智子

私も寿で消すのは初めて知りました。仲間の結婚式の返事をこれから出します。そのようにします。本間先生のこと、本当に素晴らしいと思います。なかなかできることではありません。尊敬します。

高野宏子

詳しく教えて下さりありがとうございます。寿での消し、この年になっても知りませんでした。向山先生に教えていただくことばかりです。本間先生の嬉しいお知らせ、新潟のメンバーとしてすごく嬉しくて飛び上がりました。

末廣真弓

結婚式のはがきの返信、勉強になります。基本的なこと、それなのに、知らないことがまだまだあるのだと思いました。本間先生とは算数のディープ研でご一緒させていただいています。毎回、出し続けていらっしゃるすごさを改めて感じました。本間先生、素晴らしいです。

(5) 百玉そろばんとタイル　2011年10月15日

佐々木顧問が時々、「それは何ですか」と質問する。すると、向山先生は丁寧に説明される。今回も何度か見られた。百玉そろばんの実践が出てきたときである。舘野先生が、ある算数の授業を見ていた時に、ブロックを口に入れていたと話された。それを聞かれて、向山先生が即座に説明された。

「30年前までは、百玉そろばんが使われていました。教具に使われていました。遠山啓先生がタイルを10個続けているのが、数が分かると言いました。1年生はボール紙で作りましたので、春は風で飛んでいきました。次はベークライトにしました。床に落ちると大変でした。磁石にしましたが、1年生は取れません。そこで、ブロックにしました。麻雀パイのような教具を作りました。手でブロックはとれますが、口に入れる子どもが出てきました。

それではなく、百玉そろばんは日本古来の教具です。できるようにする教具でした。なぜ、捨ててしまったのか。遠山先生がやらせなくしたのです。指導主事も知らない。権威主義があります。研究は自由ですが、論理なしではやりません。アメリカ、イギリスにも教具はありました」

それに対して、佐々木顧問は、「このやり方で絶対と言うのはないと思う。工夫が必要である」と話された。「工夫した効果がなければなりません。どんなやり方でもいいです。子どもの顔が輝いていたが、跳び箱が跳べないのでは意味がありません」と向山先生が説明された。

【感想】

向山先生のお話は論理的である。筋道が通っている。そして語りは滑らかである。百玉そろばんに対する説明は明快であった。なぜ、遠山先生のブロックはいけないのかを詳細に説明された。

佐々木顧問もうなずきながら聞いていた。初めて聞く話が多い。私たちにとっても、向山先生が話されるお話は勉強になる。大切なお話を聞くことができるからである。

川西良美

我が校の算数教材室に、教師用百玉算盤が三つあります。いま。誰も使っていません。タイルを今も我が校は教育委員会からの入学時贈り物として使っています。毎日、床に落ちています。

竹内淑香

私の勤務校には、教師用百玉そろばんが３台あります。児童用も、40台あります。私が、算数講師だったころ、校内に広めました。私が２年生担任だったころは、学年の先生方と共に、皆で使用していました。今年の低学年の先生方に、百玉そろばんの良さをお伝えしましたが、やはり、タイルを使わせています。

校内で、微細運動障害を体験する研修会を行い、先生方に体感していただこうかと計画しています。軍手2枚をはめて、実際にタイル操作をしていただくのです。小野隆行先生が、校内研修としてされたことをお聞きし、私もぜひ実施しようと考えています。

三好保雄

前任校で教科書（啓林館）に出ているので算数セットにブロックを入れて購入しています。同じ業者に頼んで二十玉そろばんに変えて同じ値段で算数セットを作ってもらうことを可能にしました。しかし、校内で検討した結果、教科書にブロックがあるので、使わないといけないだろうということで、実現しませんでした。今の勤務校では、1年生担任が授業の導入で教師用百玉そろばんを使ってくれています。来年度入学児童は、18人。児童用二十玉そろばんの学校での備え付け導入を個人的に考えています。

(6) 板倉弘幸先生の涙

2011年10月16日

板倉弘幸先生から次のような報告があった。思わず、胸があつくなった。

「10月5日に向山先生から、携帯にかかってきました。一文（いちもん　お店の名前）で飲んでいるからすぐに来るようにとのことでした。私の家は一文からすぐ近くだったのですが、道に迷い、10分もかかってしまいました。師尾先生に案内していただきました。

社会貢献のことや検定のことで何もしていなかったので、怒られると思っていました。電話をしてくださったのは、学年会をやるからということでした。

お店では、社会貢献など、そういった話は一切ありませんでした。昔の話でした。私は泣いてしまいました。向山先生の優しさに、厳父の愛を感じました」

私は帰り際に板倉先生に、「本当に泣いたのですか」と確認した。すると、板倉先生は、「本当に泣きました」と言われた。向山先生は、昔の学年会を板倉先生の自宅のすぐ前のお店に選んだのである。

板倉先生が参加しやすい様に、昔、板倉先生が紹介してくれた一文を会場に選んだのである。しかも、現在の仕事については、一切話題にしなかったという。まさに惻隠の情である。

向山先生は次のように言われた。

「板さんに電話してもなかなかつながらない。つながるのは1年に1回くらいだ。すぐ目の前の店なのに10分もかかって来る。一文は板さんに教えてもらったお店なのに」

私はハッとした。向山先生は電話がつながらない時には、すぐに呼びに行けるように、板倉先生の自宅の近くのお店にしたのである。

目頭があつくなった。板倉先生は、向山一門の一番弟子である。子弟の絆の深さを知ることができた。相手を思う心の温かさ、深さを学ぶことができた。

糸木佳奈子

先日、師匠から温かい言葉を頂きました。弟子として恥ずかしい行動をしたにもかかわらず夜には涙が私も本当にあふれました。向山師匠も、松藤師匠も、本当に温かいです。

また、兄弟子の直樹先生、畑屋先生、広野先生、平瀬先生、皆さんがすごくすごくあったかいです。私は縁あって一門入りさせていただいたことをたくさんの先生方に感謝して、行動で、感謝の気持ちを伝えていきたいと思います。

本吉伸行

感動しました。温かいエピソードをありがとうございます。自分もこのような心遣いができるような人間になるべく努力します。

桑原泰樹

素敵なエピソードをありがとうございます。読んでいて心が温かくなりました。向山先生のような深い懐をもつ人間になれるよう精進します。

本間尚子

（向山先生はここまで相手のことを考えて接していらっしゃるのか）と、驚くとともに心がジーンとしました。懐が深いというのは、こういうことができる人のことを言うのだということを、教えてくださり本当にありがとうございます。だから近くでご指導を頂きたい！　追いかけたい！　という気持ちになるのですね。

伊藤大介

どこまでもどこまでも温かい。それだけ深い絆で結ばれているのだと思いました。向山先生の思いに少しでも触れることができ感激しています。私も、向山先生のような温かい人になりたいです。目頭があつくなりました。

本宮淳平

向山先生の温かさ、懐の深さを教えてくださり、ありがとうございます。こういうことができるからこそ、多くの方から尊敬されるのですね。勉強になりました。

村田斎

根本先生、素晴らしいお話ありがとうございます。その場の様子、空気が伝わってまいりました。本当に大きく温かい向山先生を近くにいる人間ほど感じられるといつも思っています。

青戸智子

すてきなお話を紹介していただき、ありがとうございます。向山先生の温かさ、そして、お二人の絆……心打たれました。

土信田幸江

向山先生の大きな大きな人間愛にふれるダイアリーをありがとうございます。目がしらが熱くなるものがありました。

（7）ＳＮＳへの発信量は、仕事と比例している　２０１１年10月17日

前回に引き続き、木曽路での二次会のご指導をお知らせする。近況報告で移動教室の報告がされた。それについて、向山先生から次のご指導がされた。

「移動教室に行って、枕投げを禁止にする教師がいるが、私は枕投げをさせました。やらないのがおかしいです。枕投げは一生に一度のことです。やらせるべきです」

石黒先生から、「伊豆高原の宿泊所の枕は、投げるようになっていました」とのお話もなされた。「やらせるべきです」というお話を聞き、ハッとした。枕投げに対する教育的価値を今まで、深く考えていなかったからである。

自費出版のお話があった。「新聞などで広告がありますが、２５０万円くらいします。なかなかできません。70万円くらいでできるようにしたいです。３回くらいインタビューして、取材をして作りたいです。

教師だけでなく、役所の方などでも子孫に残したい、叙勲のパーティーなどでお配りするなどのものも考えら

れます」

ＴＯＳＳ中央事務局が取り組んでいる最先端のお話で、新しい情報を知ることができた。

「来週は、原稿執筆期間です。1週間で20本くらい書きます。毎日のスケジュールは美崎さんと相談して、毎日決めます。優先順位は次のようです。

1　会見したいという人を決めます。会いたいという人が毎日、たくさんいます。例えばサントリーのＹさん、10時30分とかです。

2　すぐに決済の済むもの。クレームのつくものなどです。

3　先生方からの問い合わせのもの。

4　新しい教材開発、企画など」

向山先生の1日の過ごし方が分かる。1週間で20本とは凄い。そして、まとめて原稿を執筆されていることを知り、勉強になった。最後に重要なご指導があった。

「ＳＮＳへの発信量は、仕事と比例している」という内容である。中央事務局員に「何回くらい発信しているか」とたずねられた。

即座に答えられなかった。向山先生が、ＳＮＳへの発信を重要視されていることを知り、身の引き締まる思いがした。10時過ぎ、楽しかった二次会も終了した。

3　11月　中央事務局会議

(1) 恵理子さんのフランスでの活躍　２０１１年11月9日

11月8日、中央事務局会議が開かれた。17時52分、元気な向山先生が入って来られた。17時59分、資料配付が開始され、18時5分完了する。

その間、無言で資料が配付される。聞こえるのは、紙の配られる音だけである。最初、向山先生から、「美崎さん、東京教育研究所発行の２０１０　Ｅｃｏ　ｃａｌｅｎｄａｒ―未来の笑顔のために―を配ってください」と指示があった。

美崎さんは、「はい」と返事をして、全員に配ってくれた。「２０１０　Ｅｃｏ　ｃａｌｅｎｄａｒ―未来の笑顔のために―」は緑のカラーの文字である。素敵なカレンダーである。

板倉先生から向山型算数セミナーの提案がなされた。それに対して、向山先生から「分かりやすいものにして下さい。４割カットして」とご指導があった。

渡辺先生から、「第４回観光・まちづくり教育全国大会候補地」についての提案があった。向山先生からは、「全体の規模を少なくして下さい。１００～２００人くらいに。大きくやろうとすると難しいです」というご指導があった。

向山恵理子さんの話題になった。向山先生から、次のお話があった。

「フランス滞在では、テレビ出演7本、ラジオ3本、ライブ2か所、新聞、雑誌などの取材で合計20本の仕事がありました。フランスでは、芸者とお相撲について必ず聞かれたそうです。外国から見た日本の文化がよく分かったと言っていました」

4日の滞在で20本の取材とは凄い。恵理子さんがフランスでいかに注目されているのかが分かる。同時に、フランスにおける日本に対する文化の理解の程度が分かった。日本の正しい文化を理解してもらうためにも、恵理子さんには活躍していただきたい。

国友靖夫

いつもいつも貴重なご報告をありがとうございます。カレンダー、研究所から発売されるのでしょうか。だとしたら、ぜひとも購入したいです。アニャンゴさんのご活躍も、すごいですね。

小田原誠一

根本先生、本当に、凄いです。入園希望者の行動に対して、長丘幼稚園も対応に追われたそうです。約10倍の競争率。入れなかった方は、来年まで1年間、待つそうです。

大関貴之

根本先生、いつも情報をありがとうございました。アニャンゴのフランスでの活躍を通して、国際人としての日本人を育てなければならないこと、そのために、日本の文化や歴史について正しく教えなくてはならない念を強くしました。

ありがとうございました。

（２）「龍馬くん」朝日新聞社の取材と掲載　２０１１年11月９日

向山先生から、「朝日新聞の取材を受けました。龍馬君についての取材です。早ければ、明日の新聞に掲載されるそうです」というお話があった。さっそく９日の朝日新聞朝刊を読む。教育欄に大きく「僕の障害のこと分かって」という大見出しと「アスペルガー男子の小６自由研究出版」の見出しで掲載されていた。次の文章から始まり、４段抜きで詳しく紹介されている。

「発達障がい児本人の訴え―龍馬くんの６年間―」と題された冊子は今春、東京教育研究所（ＴＯＳＳ）から出版された。３万冊を販売したという。名前を「龍馬くん」と仮名にしたほかは、小６の時に書いたそのままの文章が冊子になっている。「龍馬くん」が伝えたかったこととして、《待つこと》《表現や話し方》《字を書く、運動》《感覚》の一部が冊子から紹介されている。

全国の多くの皆さんのお力で取り組んでいただいた成果が、社会現象としてマスコミからも評価されたのである。向山先生の判断によって、安く、広く、普及させるという判断と決断によって、大きな社会貢献につながったのである。

ＴＯＳＳの活動が社会的に認められ、普及していっている。自信と誇りを持って、これからも実践していきたい。

根本正雄

向山洋一先生、昨日、朝日新聞の取材があり、早ければ本日のるとお聞きし、即座に見ました。教育欄に大きく掲載されているのを見て、感動しました。龍馬くんの冊子が、大きな社会現象として取り上げられています。これからも多くの方々に読んでいただくように努力していきたいです。

泉田剛志

情報ありがとうございます。サークル員で手分けして、新聞店に行き購入しました。

校長や特別支援コーディネーターに差し上げます。朝日新聞にお礼を投稿します。教務通信で紹介します。

(3) 向山洋一先生の仕事術とコンビニツアー　2011年11月11日

向山先生から、次のお話があった。教育の話ばかりでなく、楽しいエピソードも話してくれる。生活の違いを感じさせるエピソードである。

「トークラインで一番人気があるのは、美崎さんの連載である。現在は2ページだが、今度は3ページにしたらどうか」という提案が向山先生からあった。「賛成」という声があちこちから上がった。続いて、研究所での向山先生の仕事についてのお話があった。

「10件から20件、書類が貯めてあります。それを30分くらいで処理します。それで研究所の仕事は終わりです。一番大事な仕事をしています。そのあと、お昼の食事をします。原稿の嵐です。至急、バクキュウ、カキュウなどとファックスで書かれてきます。マジックで太く書かれてきたりもします」

向山先生の研究所のお仕事の様子が分かる。一番大切な書類を30分で終わらせるという。原稿の催促の凄さをお話しされた。月にたくさんの原稿を書かれている様子が分かる。

20時50分、アニャンゴのお仕事をされているMさんと玉川大学の学生さんが入って来られた。すると、向山先生から次のお話があった。

「先日、恵理子とMさんと玉川大学の学生さん、３人を連れてコンビニに行きました。カゴ一杯に好きなものを入れなさいと言いました。なかなか一杯にならないので、向山が入れてあげました。３人分でいくらだったでしょう」

中央事務局員からは、５千円、７千円、１万２千円、１万６千円などの答えがあった。私も予想したが、１人４千円として１万２千円ぐらいだろうと予想した。向山先生がニコニコしながら答えてくれたが、値段を聞いて驚いた。

「正解を言います。３人で６万円です。買い物が多く、レシートが打ち切りになりました。こんなのは初めてですと店員の人が言っていました。テッシュペーパーなどを入れていたので、無理やり、高い物を入れてあげました」

コンビニで３人、６万の買い物をしたというのは驚きである。それを向山先生が全額支払ったのである。こういうエピソードを向山先生は楽しそうに話してくれる。座が和む瞬間である。

高野宏子

根本先生ありがとうございます。向山先生の日常のお姿、貴重な情報でした。ますます、素敵で大好きになりました。

向山洋一

女の子ですもの、まずは美容方面です。つぎに文房具方面。そして電気方面。それから食べ物関係です。

吉川廣二

向山先生のスケールの大きさに、これまで何度も驚いてきましたが、これからも、ずっと驚きが続きますね。いつも、貴重な報告をありがとうございます。頭の中が、スパークします。コンビニでの買い物に、宝物をいただいた感じです。

佐藤泰之

コンビニの店員さんもさぞかし驚いたことでしょう、桁がちがいすぎます。このようなお話も聞けてよかったです。ありがとうございます。

和田孝子

向山先生とコンビニショッピング。ものすごぉく楽しそうです。行きたいです!!

向山先生はいつでも女心をくすぐる組み立てをされる、ジェントルマンです。

鈴木恒太

ありがとうございます!! 私も学生時代、向山先生の懇親会にお邪魔させていただき、体験しました。向山先生はすべてが桁はずれです!!

星野裕二

向山先生の買い物には絶対にロジックがあるんですよね。向山先生が陳列棚から、かごに入れるそのしぐさが超豪快で、超かっこいいのです。

(4) 京都特別拝観ツアー計画

２０１１年11月13日

向山先生からビッグな計画が話された。

「京都特別拝観ツアー、韓国などに行きたいね。年２回くらい、京都特別拝観ツアーをしたい。東福寺は年２回、特別拝観をしている。国宝などのある門の２階に上がったこともある。高台寺には15人くらいで行ったことがある」

この提案に、事務局の皆さんが「行きたい」と賛成した。昔、私も向山先生とバスを借り切って、京都を回ったことがある。実に楽しかった。それが再現されるかと思うと、是非、参加したい。最後に、教育の世界に対して、厳しいお言葉があった。

「学習指導案で、理解させる、気付かせるなどの区別が分かっていないのがいる。学問ではない。教育を学問としてやっていかないといけない。専門職にしていく。好き勝手なことを言っているのが多い。自然科学の世界は違う。実証してできるから。教育も科学にしていく」

教育の科学化は法則化運動立ち上げから、向山先生が主張されてきたことである。学問として、自然科学と同じように実証のできる世界にしたいと言われてきた。専門職にしたいとも言われてきた。これから、私も教育の科学化を目指して努力していきたい。

最後に「店長に3分、来てほしいと言ってください。この雰囲気を味わってほしいと思っています」とおかみさんにお願いした。間もなく、店長がお見えになった。「お椀がおいしかったです」とお礼を述べられた。お椀は、店長が創意工夫した献立なのである。向山先生は、その努力に対して感謝の気持ちを伝えたのである。最後に次の話をされた。

「伝統は工夫の連続である。息の長いのは、工夫の連続をしてきたからである」

教育も同じである。工夫し、新たな世界を創り出していかなければならない。含蓄のある向山先生のお話に感銘した。

溝端達也

「伝統は工夫の連続である。息の長いのは、工夫の連続をしてきたからである」

工夫の連続を継続させます。いつも向山先生の報告ありがとうございます。すごく楽しみにしています。

小田原誠一

「理解させる・気づかせる」の向山先生の解説は、明快です。何度も何度も聴きたい話です。検定の指導案集も楽しみにしています。

櫻田仁美

最後のお言葉、素敵です。昨年通りで……、これまでのように……、となりがちな面が多々あります。マンネリ化すると、自分もおもしろくないし、子どもたちにもそれが伝わるんだなあということを感じることがありました。授業にしても、校務分掌にしても、工夫し、新たなものをつくりつづけていけるよう、努力していきます。

向山洋一

教育の研究課題もつまるところ、指導法の工夫に収斂される。

吉原尚寛

この夏向山先生とバスで食事会に参加しました。文化伝統を肌で味わった気がします。

本宮淳平

教育の科学化。科学的根拠を学び、よりよい教育がどのクラスでも行われるようになれば現場は変わると思います。まずは、そういう視点を私たちが持たなければならないですね。来週の事務局会議で詳しくお聞きしたいです。

（５）感動した向山先生の直筆写体　よさこいソーランのＴシャツと法被の文字　２０１１年11月13日

11月12日、山口県宇部市から帰ると、向山先生の直筆写体が届いていた。８日の中央事務局会議で、コスタリカでのよさこいソーラン交流のＴシャツと法被に向山先生の直筆の文字を入れていただくことをお願いした。それが宅急便で届いたのである。見ると、向山先生の直筆の文字が８枚、水川さんの書かれたのが1枚の合計９枚の用紙が入っていた。美崎真弓さんのお手紙が同封されていた。日付を見ると、11月８日になっている。つまり、直筆写体はお願いした翌日に書かれたのである。お仕事の速さに驚いた。そして感動した。こんなに早く書いていただけるとは思わなかった。次の文字が書かれていた。

①侍　向山洋一　②ＴＯＳＳ体育　③侍＝武士　④侍（①と書体が異なる）⑤侍　ＳＡＭＵＲＡＩ　サムライ　さむらい　⑥志ハ千里ニ在リ　向山洋一　⑦心あるなら今宵のうちに　向山洋一　⑧Ｔｅａｃｈｅｒｓ　Ｏｒｇａｎｉｚａｔｉｏｎ　ｏｆ　Ｓｋｉｌｌ　Ｓｈａｒｉｎｇ　Ｙｏｕｉｃｈｉ　Ｍｕｋｏｕｙａｍａ

水川さんの文字は、毛筆で「侍」である。美崎さんのお手紙には「水上さんのも使うようにとのことです。向山先生より」と書かれていた。

思わず熱いものが流れた。お忙しい中を直筆の文字、８枚も書いてくださったのである。早速、コスタリカよさこいソーラン事務局の竹内淑香先生、末廣真弓先生と相談して、制作に入らせていただくことにする。

完成したＴシャツと法被は、全国の皆さんにも販売させていただくことを、向山先生からご了承いただいている。申し込み先は、のちほどお知らせする。

向山先生の書かれた直筆のＴシャツと法被を着て、コスタリカで踊りたい。そして、向山先生の志をコスタリカに届けてきたい。

星野裕二

すごいです。ほしいです。東北に広めます。

根本正雄

向山洋一先生、直筆写体の文字は、コピーして私の手元にもいただきます。「志八千里ニ在リ、心あるなら今宵のうちに」の言葉、しっかりと胸に刻んでコスタリカに行きます。今後ともよろしくお願いいたします。

末廣真弓

根本正雄先生、向山洋一先生がすぐに書いてくださったなんて、すごく、うれしいです。さっそく、原案と向山先生の文字、そして、水川さんの文字を使わせていただき、法被とTシャツの案を再度、作ります。

竹内淑香

向山洋一先生の文字が、届いたことが、夢のようです。しかし、これは現実です。向山先生の書かれた直筆のTシャツと法被で踊り、向山先生の志をコスタリカに届けます。

早速、形にしていきます。

塩苅有紀

向山先生がすぐに何種類もの文字を揮毫してくださったとのこと、感激です。

ありがとうございました。

荒谷卓朗

２０１２年３月仙台にて、向山先生の直筆デザインTシャツを纏い、心ある復興ボランティアで乱舞、夢見て前進します。

4　12月　第25回日本教育技術学会福岡大会

（1）親を亡くした子どもへのアクション　2011年12月1日

第４部はシンポジウム「子どもが〝夢と希望が持てる社会〟をつくる教師像」である。司会は樋口雅子編集長、パネリストは、向山洋一先生、有田和正先生、明石要一先生、谷和樹先生、伴一孝先生である。向山先生のお話の概略を報告する。

Q：３・11で親を亡くした子どもへのアクションはどのようにしますか。

向山：言葉、かけられませんね。３・11が終わって、何日かがたって集まってきたと仮定します。

３・11の大震災のあと、いろんな出来事がありました。大切な、大切な家族です。あの世に行ってしまったことは、どれほど苦しく、つらく、悲しい出来事であったか、先生も同じ気持ちです。命を奪われた人たちに対して、お祈りを捧げます。黙禱。黙禱直れ。では、今日の授業を始めます。

【感想】冒頭の質問である。いきなり、「向山先生からお願いします」と指名された。向山先生は、「言葉、かけられませんね」と言い、「何日かがたった後」と限定された。

会場は何と答えるかと固唾をのんで、向山先生に注目した。その答えが上記の答えである。実に短く、シンプルに答えている。亡くなられた悲しみを言い、黙禱を捧げた。

Q：向山先生は実証主義、人間主義、未来主義と主張しています。子どもとは20年から40年付き合っていかなければなりません。20年後日本はどうなっていると思いますか。

向山：先週、私の娘が1時間30分、フランスのテレビに出演しました。フランス語だけでは説明しきれずに、英語でも話しました。ケニア語、スワヒリ語も話せます。

いろいろな語学が使用されます。語学は、仕事をする上で前提条件になります。人材を育てる、理数教育などが行われます。日本は、素材産業で生活しています。素材は日本製が多いです。すべての国から注文がきています。それで食べています。最先端の産業です。日本人には勤勉さがあります。

【感想】一つは語学である。もう一つは理数教育である。それぞれになぜ必要かの具体例を話されている。咄嗟に出てくるところが凄い。瞬発力である。瞬間に蓄積された脳から、語られるのである。だから分かりやすいのである。

本宮淳平

残念ながら福岡に行くことができませんでしたが、根本先生のダイアリーからものすごく貴重な情報を得て学ぶことができます。震災で親を亡くした子への語り、自分は何も言えないと思います。どこまでも子どもに寄り添う向山先生のお言葉、胸に沁みました。

稲嶺保

私も参加できなかった一人です。根本先生の発信から福岡での様子を学ばせてください。

郡司崇人

めったにない場面だと思いますが、どんな場面でも、問いに正対してお話しされること、子どもに語りかける言葉がすっと出てくるところ、勉強になります。

三好保雄

３・11で親を亡くした子どもへのアクションはどのようにしますかに対して、向山先生がおっしゃられた言葉。この言葉を深く深く受け止めました。向山先生とともに神輿を担がせていただけること。感謝して進みます。

東條正興

具体的なエピソードをもとに、主張される向山先生のお話、いつも大変勉強になります。そして、正確に再現して伝承される根本先生の記録力と再現力、圧巻です。

(2) 日々の日記指導　2011年12月1日

シンポジウムのお話の続きである。今回は、①日々の日記指導は何のためにするのか、②座右の銘は何か、についてのお話の概略をお伝えする。

Q：日々の日記指導は何のためにするのか。

向山：日記指導、皆さんは熱心にやっていますが、私は一切やっていません。短い返事を書くだけです。週に1回だけ見ます。言語で書きます。毎日、続けることが大切です。

私は毎日、60年以上続けていることがあります。仏壇に水とご飯をあげることです。一つのことを続けることが評価の基準です。1年間そういうことを続けていくことが大切です。言葉を大切にします。表現力は頭をよくしていきます。夏休みの日記は、20日分を1日で書きました。

【感想】日記指導で大切なのは、続けることだと話された。その実践例として、向山先生は仏壇に水とご飯をあげることをよく話される。夏休みの日記は、20日分を1日で書かれたというお話は初めてである。このようなエピソードが心に残る。

Q：座右の銘、名言をお願いします。

向山：私の弟は2年間、全国小学校校長会の会長をやりました。弟が新卒の時に言ったのは、「お前は授業が下手だなあ。うまくなれ」という言葉です。弟が、公開研究会で話していました。

「子どもを変えようと思うな。教師が変われば授業が変わる。授業が変われば子どもが変わる。いい教師になる」

「教育に対して、意欲、努力、挑戦しているか、考えよ」

【感想】向山先生の座右の銘、名言については聞きたい。話された座右の銘に共通しているのは、授業についての言葉である。子どもを変えようとはしないで、教師が自ら変われという言葉が、強く心に突き刺さった。自分を変えていくことが、子どもを変えることなのである。

鈴木勝浩

根本先生、こんにちは。本当に、いつもありがとうございます。「子どもを変えようと思うな。教師が変われば授業が変わる。授業が変われば子どもが変わる。いい教師になる」。私たち教師が、よりよい授業をするために、努力していくことこそ、一番大切ということですね。

佐藤貴子

根本先生。ありがとうございます。子供たちは、1年生の時から2年生の今も、毎日日記を続けています。子供たちをしっかりほめようと思います。

大中州明

向山先生の「子どもを変えようと思うな。教師が変われば授業が変わる。授業が変われば子どもが変わる。いい教師になる」を読んで、何回も心の中で復唱しています。

小林正快

「教育に対して、意欲、努力、挑戦しているか、考えよ」日々の自分に問いかけていきます。ありがとうございます。

(3) 人間は、何のために生きているのか　２０１１年12月2日

予定されていた質問は全て終了した。樋口編集長から、「あと、３分あります。向山先生、人間は、何のために生きているのかについてお話ししていただけませんか」と突然、質問された。

向山先生のお話では、事前にこの質問はなかったという。本人は話したくないが、聴衆は是非、聞きたい内容が、よい質問であるということを聞いたことがある。そういう意味で、樋口編集長の問いは鋭く、興味深かった。

向山先生は顔色一つ変えず、即座に答えられた。

Q：人間は、何のために生きているのか。

向山：一つは、人様の役に立つことです。それが生きがいです。心に障害のある学校がありました。後ろからやってきた下級生に、「ここ、あぶないよ」と教えてあげました。心に障害のある子どもも、人様の役に立てるのです。

二つ目は、自分の描いた夢を実現するために、人は生きていくんです。夢に出会い、夢を実現していくのです。

三つ目は、きのうの自分より、今日の自分を一歩でもより良くし、前進していくことです。私の母は、80歳のときに踊りを習いました。嬉々としていました。母親は85歳過ぎても踊りを続けていました。サポートして、援助していくことです。教室で語ったことです。

【感想】もし、自分が同じ質問をされたら、どのように答えるかと考えた。向山先生のようには即答できない。三つとも、向山先生はすらすらと答えた。しかも具体的な内容についても語られた。80歳のときに踊りを習われた話は心に残った。教師はいつ、どんな質問を子ども、保護者からされるか分からない。そんな時、すらすらと即答できるようにしておくことの大切さを学ばせていただいた。日頃から、質問を考え、答えを想定しておくようにしたい。

小田原誠一

向山先生の「人間は、何のために生きているのか」の三つの話を子ども達に伝えていきます。

1　自分のことより、人の役に立つこと
2　夢の実現
3　昨日よりも今日の前進

自分のことより、人の役に立つことが一番に来ていることに注目します。「自分が、自分が」ではないということです。向山先生が、いつも言っていることです。

末廣真弓

根本先生、ありがとうございます。私もＱＡの中でも、特に感動したお話でした。話されているときの向山先生の姿を目に焼き付けました。樋口先生の毎回のＱには、ドキドキしています。

鈴木勝浩

「人間は何のために生きるのか」この根源的な問いに対し、即座に丁寧に分かりやすくお答えになる向山先生。根本先生のおかげで、このように、学会での感動を振り返ることができます。本当にありがとうございます。きょうも、頑張ることができます。

本吉伸行

根本先生。ありがとうございます。何のために生きているのか？　即答できません。なぜ、勉強するのか？子どもの率直な問いに、明確な自分の考えを語れるように学びます。

吉川廣二

いつも、貴重な（宝物のような）情報をありがとうございます。向山先生の言葉・話は、滅多にこういう形では見ることができません。それで構わないと思っています。それでも、こういう形で見ることが出来るのは、大変ありがたいことです。

それにしても、樋口編集長の鋭い質問、それに対する珠玉のお話。宝物です。教師力向上セミナー大阪に参加します。向山先生にお礼を言います。

前田哲弥

私も会場にいて感動しました。これから自分が残りの人生を生きていく時の大きな指針をいただいたように思います。今回の福岡大会では多くのことを学ばせていただきましたが、その中でも最大の学びだったように思います。

東條正興

向山先生の三つの即答、感動しました。今までの人生で、この問いかけを私自身考えたことがありませんでした。このようなことを、子ども達に語りかけていきたいと思います。未来を担う子ども達にとって、明るく前向きになるような話です。

(4) 閉会の言葉　2011年12月3日

シンポジウムが終わり、向山洋一先生の閉会の言葉があった。格調の高い、大会を締めくくるのにふさわしいお話であった。

様々な論議がされました。東日本の子ども、仲間の子ども、発達障がい児の目標に向かって実践している先生方、発達障がいに気がつかれずに、どなられ続けた中学校、高校。とりわけ、三つの実践は長い時間をかけて10年間、学校でも10年間どうしても駄目と言われました。

6年間学校崩壊し、長谷川先生がたった1人で、親、保護者の人からこんな学校になってほしいと願っていた学校にしました。翔和学園の伊藤先生は、アスペルガー三十数名を入学させ、再生をさせていきました。どれもこれも緊張の仕事です。両親、家族の希望に支えられた仕事です。

思いつきでは駄目な方向へと追いやってしまいます。叱りつける、お前は駄目なんだ、そういう子どものセルフエステームを育てると、自分は生きていく力があると感じます。叱りつけていると、一つもよいことはありません。

連帯する、学年、学校、地域、関与する人たちが力を合わせて、可能性のある家庭を支えていくことも大切な仕事です。自分が変わると、事実、子どもの対応が変わります。対応が変われば自分が変わります。信じる仏、神様も違います。同じ仕事をしている熱意を持った先生方、協力し合っていくことが大切です。

飛び出せ公務員、全国にいます。総務省の椎川さんが前進させています。一歩、二歩でも前進させていく。家庭と連携していくのです。伊藤先生は、就労しても半年でやめてしまう、ホームレス化していく、国家予算の数兆円がかかると言っています。きちんと教育していかなければなりません。教師は大切な仕事をしていくのです。分担していくのです。

力を寄せ合いながら、一歩でも教育していくのです。翔和学園の子どもは、耕作地だった荒れた竹やぶを提供されて、田植えをして収穫をしました。来年は千葉で教育学会を行います。実践を持ち合いながら行いたいです。ありがとうございました。

【感想】格調の高いお話であった。学会のまとめと今後の方向が打ち出された。本学会の成果が語られ、次年度の課題が述べられた。これから1年間、その課題達成に向けて努力していきたい。

本田和明

根本正雄先生、一連のご報告を拝読いたしました。学会に参加できなかったので、気になっていました。先生のご報告を読んで、何度も何度も頷きました。TOSSのよさをもっともっと広めないといけないと痛感しました。本当にありがとうございます。

平山勇輔

感動の一言でした。それにしても、翔和学園の伊藤先生の発表は凄かったです。熱とは、ああいうものなのだと思いました。

鈴木恒太

来年は千葉で開催とのこと、我がことのように嬉しいです！　必ず参加いたします！

川津知佳子

素晴らしい大会でしたね。来年の千葉大会も成功できるように、TOSS千葉一丸となって準備していきたいです。

小田原誠一

来年は、千葉学会と翔和ファームでのイベントが合体すればいいのではないかと思っています。翔和ファームは、凄いです。あそこなら、何かができます。とっても楽しみにしています。

5 12月 ドリーム会議

(1) 日本教育技術学会・福岡大会

2011年12月4日

11月29日(火)、17:30〜18:30、第二TOSSビル3階会議室で、第4回ドリーム会議が開かれた。議題は、チーム・ドリームの今後の活動についてである。

参加者は、TOSS顧問佐々木順司氏、光村教育図書から時枝良次専務、青木こずえ課長、正進社から杉山部長、坪井秀之課長、どりむ社から税所貴一専務、TOSSからは、向山洋一先生、谷和樹先生、師尾喜代子先生、美崎真弓氏、根本正雄である。

最初にTOSS顧問佐々木順司氏の報告があった。各社を回られての感想や意見が報告された。その後、各社の報告があり、意見交換がなされた。その後、向山先生から、報告とご指導がなされた。以下、概略を報告する。

「11月26日に日本教育技術学会が福岡で開催され、１０４０名の参加者がありました。物凄い数です。ＴＯＳＳが半分、嫌いが半分でした。

感動的な報告や提案授業がなされました。被災地の授業、秋田、岩手、福島の様子が映像に作って発表されました。その他に、防災復興、シングルエイジ教育、30％学習量増加に対応した授業、シンポジウムなどがあり、最後に発達障がいの三連発がありました。

一つ目は小野隆行先生の「発達障がい児本人からの訴えにどう応えるか」

二つ目は長谷川博之先生の「医療連携の最前線と中学校教室の事実」

三つ目は伊藤寛晃先生の「翔和学園　奇跡の教育」

いずれも、子どもがぐちゃぐちゃになっていたのが、よくなったという報告でした。衝撃は大きかったです。その中で感じたことがいくつかありました」（続く）

【感想】ドリーム会議も４回目を迎えた。各会社の皆さんから、現状の動きについての報告があった。現在の教育を取り巻く問題が出され、それについての意見交換がなされた。今後のＴＯＳＳの教育活動の指針となる会議である。向山先生からは、最初に日本教育技術学会福岡大会の様子が、詳細に報告された。その中で極めて大切なことが話された。具体的な内容については、次回に報告する。

小田原誠一

先日の日本教育技術学会福岡大会のことが、このように向山先生の口から直接話されたこと、本当に嬉しい限りです。どんなことを言われたのか、聞きたかったです。根本先生のダイアリーを楽しみにしています。

東條正興

いつもありがとうございます。続きがとっても気になります。ＴＯＳＳ嫌いが半分という学会で、その参加者の方々の反応も気になります。

（2）新型学級崩壊　２０１１年12月5日

日本教育技術学会福岡大会の報告の中で、新型学級崩壊についてのお話があった。新型学級崩壊については、すでに向山先生のダイアリーに書かれている。

12月２日、「新型学級崩壊追及の方法」である。内容について詳しくご説明された。概要を報告する。

「学級崩壊は昔からありました。昔からの学級崩壊は、教師の指導技術が未熟なために起きていました。相当ありました。新型学級崩壊は、次のような要素があります。

①相手の親のせいにする保護者がいます。シングルマザーの層が多くなり、モンスターペアレントが増えてきました。学校に乗り込んできて、お巡りさんがこないといけないような事態も出てきています。

②普通の母親が携帯の連絡網を使って、いじめられている担任がいます。

③多重障害に対応できていないことです。教師だけでは対応しきれません。学年で話し合うとか、校長が対応していくべきです。

就学時健康診断できちんと調査をすれば分かることです。ほとんど機能していない。保護者が、就学時健康診断そのものを拒否する場合もあります。問題の子どもがいても、何も分からない状態で入学してくるのです。

就学時健康診断でどういうことが必要か、組織的に突っ込んでいく必要があります。5～6歳、親学が入ってくるようにします。民成委員などに支えられるシステムがなければできません。学校評議委員会など地域住民にするなどしないと、学校はもちません。

これからできない例を集めていきます。新卒がたくさんやめていっています。学校が支えられない状態になっています。学校は崩壊にどう対応していったらよいのかを考えていかなければなりません」

【感想】新型学級崩壊という新しい提案がなされた。昔のような教師の指導技術の未熟さから起こる学級崩壊ではなく、社会の変化によってもたらされる学級崩壊である。そのために、向山先生はダイアリーで「新型学級崩壊追及の方法」を述べているのである。

多くの皆さんの力で、新型学級崩壊の実態を明らかにして、その対策を考えていくのである。私も向山先生が示された著書を読み、対応していきたい。

本吉伸行

大変貴重な情報をありがとうございます。新しい仕組み、システムを作っていかなければ、学校はもたない。本当にそうだと思います。本を読み、学びます。

吉川廣二

ありがとうございます。前任校で、いくつか事例がありました。それをまとめていきます。また、県内の仲間が、１人苦しんでいます。自分の学級ではないのですが、孤軍奮闘しています。ここからも、学びます。少しでも、彼の力になりたいです。

小田原誠一

新型学級崩壊は、ＴＯＳＳの教師だけでは、対応できない。学校の先生方が全員で対応しなければ太刀打ちできないことを示しています。大きく学校が変わらないといけないということだと思っています。

辻岡義介

貴重な情報、ありがとうございました。新型学級崩壊に対する対策は、校長、教頭の強いリーダーシップにかかるところが大きいですが、全ての教師が、対応策を学んでいかなければならないと思いました。

井戸砂織

根本先生、貴重な情報をありがとうございます。私はまだまだまだ勉強不足です。しっかり勉強します。

(3) 長いスパンで発達障がいを指導していく　2011年12月5日

二つ目の問題は、発達障がい児の指導である。具体的な内容について、勉強になった。向山先生のご指導の概要を報告する。

「発達障がい児の指導については、長期のスパンで見ることが必要です。翔和学園からいうと無理をしてでも専門機関に入れて、3～4期で組んでいきます。

学校を卒業してニートになると法を犯していきます。経済的損失は数億円になります。

しかし、きちんと指導していけば何分の一かですみます。叱っていると駄目にしてしまいます。上に行けばいくほど駄目になります。親が資産を残します。兄弟が使ってしまいます。弁護士も使ってしまいます。個人では駄目なのです。保険会社に親の遺言状を入れて管理して、親の財産を残していくようにします。

人生を考えると、小・中は楽です。高校・大学になると凄まじいです。改善されるようにしていくのです。杉山先生は、セルフエステームが大切だと言っています。「やればできる」を育ててもらえれば改善すると言っています。

褒めてもらったことが1回もない。高校、大学ではどうしようもないのです。子ほめ条例を作ったところがあります。そういったことをしていく必要があります。長いスパンで教えていくようにします。

【感想】発達障がいについては、長いスパンで考えていく必要があることを学んだ。小・中学校ではうまく行っても高校、大学では難しいのである。社会に出て法を犯したりして、再生するには数兆円もかかるという。そのためには、長期のスパンで指導を行っていかなければならないと、向山先生は話された。そして、叱るのではなく、ほめてセルフエステームを高めていくことが大切であることを強調された。今後、具体的な長期のプラン作りがなされていく必要を感じた。

丸亀貴彦

一連の報告、本当にありがとうございます。学校で出来るのにしていないことまだまだ多いです。現在学校で起こっていることをもとに自分なりの解明を進めていきます。

川津知佳子

義務教育のスタートである低学年、教えていっぱいほめていきたいです。私のクラスの不思議くんたちはほかの子から「おもしろ〜い」と言われ、人気者です。

小林正快

貴重な報告ありがとうございます。特別支援の必要な子どもを見つけるには、教師にそれなりの技量が必要であると最近強く感じます。ＴＯＳＳで学んでいなければ、教師の言うことを聞かない迷惑な子として見てしまっていたかもしれません。多くの先生方が発達障害の勉強をしていれば、担任の1年間ではなく、長期的に支援し続けることができると感じました。自分ができることをしていきます。

（4）シングルエイジ教育のお話　2011年12月6日

三つ目の問題は、シングルエイジ教育についてである。長丘幼稚園の報告がされた。

「長丘幼稚園には試験がありません。先着順です。昨年は朝の5時で締め切りました。本年度は、3日前から並びました。実質9倍でした。TOSS教材だけ使用しています。百玉そろばんもやっています。幼児教育の観点からやろうかと思っています。

数学検定は小野さんとのつきあいです。フレーベルの教材もあります。幼児教材をやっていかないと違ってきてしまいます。七田式とは違った研究ができないかと思っています。

明星大学の高橋先生、埼玉県の教育委員長をされました。お医者さんが8名、教師1名。1名が長谷川先生です。高橋先生、現在、親学をやっています。

各県で議員さんが超党派で本気になってやってもらわないといけないと言っています。叱ってばかりいてはいけないのです。大きな囲みで使えるようにして、それに合った教材を考えていくのです」

佐々木顧問から「長丘幼稚園の評判がいいのはなぜですか」という質問がなされた。それに対して、向山先生が説明された。

「体育のローテーションがあります。マット、4歳コース、5歳コースがあります。できなくてもいいから、音楽に合わせて何周か走ります。小学校3〜4年の運動能力が身に付いています。いろいろな要因があります。アレンジして、毎日楽しくやっています。

先生はカードで名前を見せていきます。見た瞬間に名前を言います。ハイハイと一斉に言います。アメリカのセサミストリートという番組は、幼児の認識能力は大人の何万倍もあるということで評判がよかったです。それと同じようなことを長丘幼稚園はやっています。

暗誦は５分間程度やっています。例えば、犬も歩けば棒にあたるなどの言葉を暗誦します。小学生の何倍もできます。先生方の笑顔が凄いです。子どもの合唱が素晴らしいです。学びに続いてお行儀もいいです。発達障がいの子どもが目立ちません。

この対極が自由保育です。何もしていません。どこが違うのか。長丘幼稚園では子ども同士のトラブルがなくなりました。小学校３年までのジュニアの子どもが週に１回勉強しています。受験勉強はやりません。子どもが物凄く育っているのです」

【感想】11月25日、小田原誠一先生が中心となって、「長丘幼稚園ツアー」が行われた。全国各地から多くの先生方が参観に来られた。

皆さん、感動されて帰られた。私も朝から参観し、体育の授業もさせていただいた。内容は、向山先生のお話しされたその通りであった。ＴＯＳＳの教材を全面的に取り入れ、素晴らしい効果をあげていた。

先生方のきびきびとした指導、打てば響く子どもの活動と素晴らしい公開研究会であった。向山先生はそのような長丘幼稚園から、幼児教育の大切さを話されたのである。幼児教育関連の教材開発の可能性を提案された。

小田原誠一

向山先生からこのようなお話があったこと、夢の様です。長丘幼稚園が、シングルエイジ教育において、今後どのような動きを作っていけるか。教材の開発、指導方法、研修方法、脳科学からのアプローチ等、具体的に提案していけたらと思っています。翔和学園との合同研修会の実施（震災のため、延期になっている）。長谷川先生からも長丘幼稚園のことについての問い合わせがきています。

川神幸

根本先生のおかげで長丘幼稚園の素晴らしさをもう一度思い出し、整理することができました。体育のローテーションはすばらしかったです。徹底したスモールステップでした。

昨日、3年生の体育でマットを見ました。悲惨な状態でした。連携が大事ですし、指導者の意識も大事ですね。根本先生のジュニアへの指導にも感激しました。ありがとうございました。

(5) TOSS退職者の県別組織と向山先生の発想法　2011年12月6日

美崎真弓さんから、朝日新聞に龍馬君の紹介がなされた後、注文が殺到しているとの報告がなされた。保育園の先生からまとめて注文もあったという。朝から電話が鳴りっぱなしであったとのことである。

自分のことだと感想文にして送ってくる方もいた。30分も電話で話している方もいた。皆さん、苦労されていることが分かったと話された。朝日新聞の記事は、影響が大きかったことが分かる。

最後に向山先生から今後の活動についてのお話がされた。TOSS退職者を県別に組織していくというお話である。概要を報告する。

「ある企業が学校に600人程度、指導者として入る話があります。教え方を教えられるのは、TOSSの先生方です。出張授業の指導、まちづくりの指導、まとめ役などで活動していきます。

脳トレ、介護施設などで行っていきます。百人一首のボランティアなどでも活躍できます。各地方の新聞社が協力すればやれます。

長野の小島先生は脳トレの授業が素晴らしかったです。公文の脳トレは、計算や漢字でみんなが怒っています。TOSSの脳トレは違います。結んで開いてやグーチョキパーなどを通して、脳科学的な活動を楽しく行い、語りかけていきます。

ＴＯＳＳの教師には、脳トレを科学的にやるとどうなるかを話しています。向山先生の脳の流れは、前頭葉から基底核に直接行っているので凄いと言っています。勘や経験の蓄積で、考えや判断のスピードが速いのです。そういう中でアイディアが生まれてきます。将棋の高段者も瞬間的にできるのです。

多湖輝は、幼児教育で大切なのは、①積み木、②人形、③ボールだと言っています。幼児教育の教具の開発などもしていきたいです」

【感想】これから、ＴＯＳＳ退職者が増えていく。それに対応していく組織作りをしていくのである。具体的な活動内容が話された。合わせて向山先生の発想法についても話された。貴重な提案とお話であった。最後に幼児教育のお話があり、多湖輝氏が述べている三つの事項について説明してください。

6　12月　中央事務局会議

(1) 退職者の今後の仕事

2011年12月14日

カルビーの件について師尾先生からの報告のあと、向山先生からお話があった。退職者の今後の仕事として進めていく内容である。概要を報告する。

「カルビーがすでに、全国４００校に入っています。来年は１０００校に入りたいそうです。退職者を中心に出前授業をしたいと言っていました。電通が元締めになります。各企業の出前をＴＯＳＳがとります。退職者が収益事業をカルビーからとります。スコープ、派遣の資格を取ります。スコープとＴＯＳＳが補い合います。教える派遣を退職者が行っていきます。退職者の仕事としては次のようなものがあります。

１　自費出版　県別に行う

２　カルビーの派遣事業

３　数学検定　各県が新聞社とタイアップする。１ページほど使って楽しい問題を出していく。石川、富山の北國新聞などで最初に行う。あとは北海道新聞など。

４　脳トレ　次のようなグループで行います。

①大庄グループが介護、ケイタリングなどで施設に入っています。

②大きな仕組みを作っていきます。総務省、厚労省など。徳島の上勝町は２〜３億とっています。行政と組んでいきます。

③百人一首大会　公式審判員、ユニホームを作っていくようにしたいです。

以上の内容を県ごとにやっていきます。自分のやりたいことをやっていくようにします。大学生から退職者までの組織ができます。大庄グループは、日赤、昭和医大にも入っています。退職校長がたくさんいます」

【感想】退職者の今後の仕事として、大きな構想が発表になった。教え方を教える派遣事業の仕事である。ＴＯＳＳの退職者の先生でないとできない仕事である。そのほかにも、行政と組んでの脳トレの事業も大きく発展していきそうである。大学生から退職者までの組織のお話は、魅力的であった。

吉川廣二

大阪でも、退職者に関するお話を伺いました。島根では私がダントツのトップで退職しますので、身が引き締まる思いです。いつも、貴重な情報をありがとうございます。

高橋正和

私も退職したら、ＴＯＳＳの一員として活動したいです。どれも魅力的な仕事ばかりです。脳トレなど、退職する前から勉強していきます。

（2）多摩川の授業　２０１１年12月15日

忘年会での向山先生は絶好調であった。飲み物がなくなると、「樽酒、20本」と注文されていた。どじょう鍋の作り方を教えてくれたり、「追加のネギはいつも使っているので、サービスで持ってきてくれる」などと話してくれたりした。

私もお店の人に「飯田屋のどじょうは、どこから仕入れるのですか」と質問した。すると、「千葉、岡山、島根からです」という返事があった。生きたまま運ばれてくるそうである。それをお店でさばいているとの説明があった。

向山先生から、『社会科教育』1月号の片上先生の論文と多摩川の授業が紹介された。概要を報告する。

「『社会科教育』1月号で片上先生が、向山の実践を10年前はよくないと書いたが、今、読んでみると向山先生の方が優れているのではないかと書かれていました。昔、多摩川の河原に子どもをつれて、屍上げに行きました。橋の下に行くと東京都などの行政の文字がありました。振り返ってみると、あれは凄い実践でした。20年くらい前です。河川法までいきました。建設省河川局まで行って、授業にしたいと言って、許可をもらいました」

【感想】屍あげに行って、橋の下をのぞき、そこから疑問を持ち、授業づくりを行ったのである。師尾先生は、「私だったら、屍あげで終わりになってしまう」と話されていたが、私も同じである。屍あげに行って、橋の下などをのぞき込まない。

橋の下に書かれていた文字から次第に疑問がわき、建設省河川局まで行かれたという。その追求力に驚いた。疑問に対して、一つ一つ謎を解いていくのは、推理小説を読んでいくようである。

『社会科教育』1月号、向山先生の多摩川の授業について読んで勉強したい。建設省河川局でどんな許可をいただいたのか、知りたい。

平山勇輔

多摩川の実践は、松崎先生の追究チームでも課題になりました。建設省の資料や河川法など子供の資料収集力が物凄いだけでなく、集めた資料をもとに討論で授業が形作られている点も驚愕です。また、研究紀要からも向山先生の研究に対する厳密さ、言葉へのこだわりなど、学びが山ほどありました。貴重な情報をありがとうございました。

杉谷英広

しあわせサークル杉谷チームでも社会科向山実践再現追試をしています。多摩川の実践について学生の大谷君が国会図書館で調べました。現地に立ってみて、360度ぐるっと回って見えるものから授業を考えるということに衝撃を受けました。しかもそれを向山先生はほかの先生の論文から学んだということです。現地で授業を考えるということを向山先生はとてもロジカルに必然的に考えておられたのですね。

(3)「教師力向上セミナーin大阪」での作文指導　2011年12月16日

話題は「教師力向上セミナーin大阪」になった。教師力向上セミナーでの向山先生の作文指導についてのお話があった。津田奈津代先生が12月13日のダイアリーで、「教師力向上セミナーin大阪での学び」で紹介されている。

津田先生が（1）で書かれている部分を向山先生が解説をしてくださったので、概要を紹介する。

「パンと言って書いたのが大事なのではなく、その後のことが大事なのです。人の意見を聞いていないのです。最初の４人の意見の違いは何ですか。誰も手をあげない。どこが違うのですかと聞いても言えないのです。授業はそこからが大事なんです。授業は再現することが大事なんです。授業の１／100〜１／1000を再現するのです。追試する意味は、構造を追試することなのです。

高段者が絶句していました。手を叩くよりも、そこの部分が大事なんです。向山のマジックなのです。４人に意見を言わせます。１人が違っています。４人の発言から組み立てていくのです。そうしないと、流れに消えていってしまいます。３〜４人に聞いて、授業を組み立てていくのが大切なのです。

授業を２セット出しました。授業はその２セットに詰まります。アンケートを見ると、みんな向山塾は凄いと書いていました。授業とはこういうものか、初めて知ったと書いていました」

この後、谷和樹先生が感想を述べられたので紹介する。

「コードがないと、どこがどう違うのか聞けません。子どもに対する授業と教師に対する授業の二つを勉強しました」

以下に津田奈津代先生の（1）の部分を紹介する。向山先生のお話とあわせて読んでいただきたい。

（1）講座が始まる。文を長く書かせる指導。三つの原則、基本七か条、すごいと思っているところに、向山先生登場。実際に書いてみる。

発表した人の中から、４人の違いを言いなさい。一気に緊張が走る。すごいところに来てしまった……。教師はボサーッとしていてはいけない。そこに気づいていけるのが教師の技量なんだ。発表させた４人から瞬時に次の指導ができないといけない。そのための追試である。何のための追試か、ここが分かっていないとただ分からないまま追試することになる。もっと深く構造を読み取ってやっていかなくちゃ、技量は伸びない。

次に物語を作る指導。まりを主人公にして書く。ここも発表した人の中から違いを探す。そして、発表した人の発問指示に正対していないところまで、詰めていく。となりと話し合う。頭がいっぱいいっぱいになる。

溝端先生の基本七か条、文を正しく書く指導を教えるのが、教師の仕事。繰り返し繰り返し何度も教える。ここにこだわっていかないといけない。そう感じた。

【感想】長文の作文指導はお話を聞いたことがある。しかし、今回のお話は初めてである。パンと手を叩いて指導する場面があるが、大事なのは「構造を追試する」ことであると言われた。４人の意見の違いから授業を組み立てていくことが、追試では大切なのだと強調された。

「発表した人の中から違いを探すことが授業だ」と教師力向上セミナーでも話されている。今回のお話で多くのことを学ばせていただいた。

和田孝子

追試しました。子どもの意見を正確に聞き取り、分類し、的確なタイミングで指導する。まだまだ難しいです。何度も実践し、体得しないといけないと痛感しました。子どもたちの作文が激変しました。

津田奈津代

根本先生、ありがとうございます。根本先生のダイアリーを読んで、さらに深い学びになりました。もっと勉強します。ありがとうございました。

（４）四重回しが20回も30回もできた向山学級

２０１１年12月16日

美崎真弓さんから「龍馬君３千セット　６万６千冊が販売されました。今でも注文があります」という報告があった。美崎さんの報告には驚いた。６万６千冊はベストセラーである。今も売れているとのことで、とても嬉しいことである。話題は縄跳び指導になった。ここで初めて、向山学級の縄跳び指導の凄さを知った。レヴェルの高さを知った。概要を報告する。

「四重回しができた子どもがいました。三重回しはほとんどできました。ボードを使わないでできるようになりました。

二重回しは一回旋一跳躍が50回ぐらいでできます。三重回しが30回くらいで四重回しができるようになります。たくさん跳べる子どもは廊下で四重回しをしていました。運動会で近隣の学校が集まって、学校対抗リレーをしました。４人で走って１周抜かしてしまいました。文句をいってきた人がいました。それくらい運動能力の高い子どもがそろっていたのです。向山実践にも入っています。

50メートルを走ると他の子どもが25メートルの時に、ゴールしていました。その子どもは、四重回しを20回も30回もできました。縄を回す速度が速く、ビューンと音がしていました。四重回しをしているのか分からないくらいでした。練習は地べたでやっていました」

【感想】向山学級では三重回しがほとんどできたというお話には驚いた。私のクラスでは数人であった。四重回しが何人もいたというのは、さらに驚きである。二重回しは一回旋一跳躍が50回ぐらいでできるというのは、私の実践でも同じである。向山先生の縄跳び指導は、そのような実践に裏付けられているのである。高度な技を日常化されている。これからも学んでいきたい。

吉永順一

私はバレーボールを長くやってきました。身長が低いのでジャンプ力を鍛えました。現役の頃、垂直飛びが90センチをこえていました。それでも、三重跳びが30回前後が精一杯でした。四重跳びを小学生がやるなんて想像できません。なんとすごい小学生でしょう。育てるのではなく、育つシステムを開発された向山先生。本当にすごいです。

本吉伸行

四重跳び想像できません。ものすごい世界です。貴重な報告をありがとうございます。

あとがき

本書には、日常の向山洋一先生のありのままの姿が記録されています。著書や講演などの公の場での姿ではなく、普通の生活の中での行動の記録がまとめてあります。

第一に、ＴＯＳＳ中央事務局会議での活動の様子を中心にまとめてあります。ＴＯＳＳ中央事務局会議は月２回、行われています。私は月に１回だけ参加しています。

会議に参加するたびに、内容の深さ、価値の高さを学んでいます。この記録を全国の先生方にお知らせしたいと思うようになりました。

ＴＯＳＳの運動がどのように展開されているのかを全国の先生方に伝え、共有したいと考えました。向山先生から多くの情報が発信されます。多くの提案がされます。最初に発信、提案されるのがＴＯＳＳ中央事務局会議なのです。

そこには、向山先生の願いや思いや理念が語られます。根っこの部分を語ってくれています。東日本大震災に対する取り組みについて、どのように対応していくのか。脳トレの実践をどのように行っていくのか、会議の中で語られます。

向山先生はどのように語られたのか、できるだけ向山先生の話された言葉をそのまま、書きとめました。向山先生の言葉のリズム、テンポをできるだけ忠実に表現いたしました。

同時に、ＴＯＳＳ中央事務局会議の様子についてもまとめてあります。資料の配付、検討の様子をリアルに再現してあります。実践については著書で詳しく書かれています。運動をどのように組織し、作られていったのかの記録を残そうと考えました。

そのために、ＴＯＳＳ中央事務局員の皆さんのお名前も、実名で紹介させていただきました。誰がどのような活動をされているかを一部、紹介させていただきました。

第二には、箱根合宿、サマーセミナー、教育技術学会の様子を紹介してあります。実際にお話しされた内容を再現してあります。ＴＯＳＳ中央事務局会議とは異なった場所で、どのように活動されているのかがまとめてあります。

著書や講演記録は残ります。しかし、箱根合宿、サマーセミナー、日本教育技術学会の活動は、記録として残されていません。

セミナー、大会でのお話をできるだけ正確に再現してあります。シンポジウムの内容、研究協議会での発言など、著書では書かれていない内容がまとめてあります。

第三には、日常生活での向山先生の姿が記録されています。普段の生活の中での様子を記録してあります。向山先生の実践を理解する上で貴重な記録となっています。

日常での向山先生の実践をまとめる中で、新たな発見をいたしました。多くの皆様にお伝えできれば幸いです。

第四には、今まで記録に残されていない部分が紹介されています。ＴＯＳＳ中央事務局会議の後に行われる、懇親会の記録です。

ＴＯＳＳ中央事務局会議は、資料に基づく提案がされ、検討される正式の会議です。しかし、ＴＯＳＳ中央事務局会議はそれだけではないのです。会議の終了後、必ず懇親会が行われます。

ＴＯＳＳ中央事務局会議は懇親会とセットになっています。懇親会は、会議の3倍の時間です。そのとき、自由な雰囲気の中で向山先生がお話をされ、事務局員が話をします。

情報の交換がされます。

セミナー、エベントのエピソードについての細かな報告がされ、向山先生の厳しい評価がされます。ある時は賞賛があります。私どもが気づいていない事柄についてお話をされます。

特に勉強になるのは、人との出会いのお話です。具体的な場面を詳細な描写で語ってくれます。そこに相手の方がいるかのように話してくれます。

そのような懇親会の様子を詳細に紹介してあります。TOSSの教育文化がどのように育まれてきたのかが分かる内容になっています。

向山先生の幅広い、豊かな世界観、人生観、教育観が縦横に繰り広げられています。

向山実践の原点が語られています。思わず微笑んでしまう場面もあります。著書では語られない向山先生の姿を記録してあります。

また、向山先生の仕事術についてもまとめてあります。私たちにとっては、向山先生が週に20本も原稿を書かれているなどとは知りませんでした。それをどのように処理されているのか。東京教育技術研究所のお仕事をどのようにされているのか。

身近にいる美崎真弓さんから見た向山先生の仕事ぶりも紹介してあります。普段の向山先生の生き生きとした姿が伝わってきます。

向山恵理子さんのエピソードも紹介してあります。父親としての愛情の深さが分かります。父親としての姿を垣間見ることができます。

本書を通して、TOSSの活動、向山先生の生きざまをご理解いただき、実践に生かしていただければ幸いです。

最後に本書をまとめるに当たり、快くご承諾いただき、ご指導くださいました向山洋一先生に厚くお礼申し上げます。本書に使わせていただいた写真につきましては、久保宏行氏にお世話になり、感謝申し上げます。また、何度も企画のご相談、ご指導いただきました、学芸みらい社の青木誠一郎氏にお礼申し上げます。

平成25年5月20日

根本正雄

◎著者紹介

向山 洋一（むこうやま　よういち）

東京生まれ。68年東京学芸大学卒業後、東京都大田区立小学校の教師となり、2000年３月に退職。全国の優れた教育技術を集め、教師の共有財産にする「教育技術法則化運動」TOSS（トス：Teacher's Organization of Skill Sharingの略）を始め、現在もその代表を務め、日本の教育界に多大な影響を与えている。日本教育技術学会会長。

根本 正雄（ねもと　まさお）

茨城生まれ。千葉大学教育学部卒業後、千葉県内の小学校教諭・教頭・校長を歴任。向山洋一代表の理念に賛同し、TOSS体育授業研究会の代表を務めるとともに「根本体育」を提唱、月刊『楽しい体育の授業』（明治図書）の編集長。退職後は全国各地の体育研究会・セミナー等で体育指導に力を注いでいる。著書は『誰でもできる！楽しい「根本体育」の真髄』『さか上がりは誰でもできる』（以上明治図書出版刊）『世界に通用する伝統文化体育指導技術』『全員達成！魔法の立ち幅跳び』（以上学芸みらい社刊）等多数。

向山洋一《むこうやまよういち》からの聞《き》き書《が》き・第《だい》１集《しゅう》
―セミナー、講演《こうえん》、会議《かいぎ》、懇親会《こんしんかい》―　2011年《ねん》

2013年8月1日　初版発行

著　者　向山洋一
　　　　根本正雄
発行者　青木誠一郎

発行所　株式会社 学芸みらい社
〒162-0833 東京都新宿区箪笥町43番 新神楽坂ビル
電話番号 03-5227-1266
http://www.gakugeimirai.com/
E-mail : info@gakugeimirai.com

印刷所・製本所　藤原印刷株式会社
ブックデザイン　荒木香樹

ISBN978-4-905374-26-8 C3037

学芸みらい社の既刊

日本全国の書店や、アマゾン他のネット書店で注文・購入できます!

子どもを社会科好きにする授業

向山洋一 監修
谷 和樹 著

A5判　176ページ　定価:2100円(税込)

社会科授業実践のコツとテクニック!!

日本の国を愛し、誇りに思う子どもたちを育てるために、いま、日本では熱い「社会科教育」が最も求められている! TOSS(教育技術法則化運動)のリーダーの新刊! 「文部科学省新指導要領」「東日本大震災をどう教えるか」「ADHD等発達障害の子を含めた一斉指導」「最先端のICTを使う授業」対応。

子どもが理科に夢中になる授業

向山洋一 監修
小森栄治 著

A5判　176ページ　定価:2100円(税込)

理科は感動だ!目からウロコの指導法!!

今すぐ役に立つ、理科授業の最先端・小森先生の実践とコツを大公開!! 「文部科学省新指導要領」完全対応!/「化学」「物理」「地学」「生物」「総合」「授業づくり」に分類!/見開き対応で読みやすく授業中にすぐ使える!/「ワンポイントアドバイス」「エピソード」で楽しさ倍増!

先生も生徒も驚く
日本の「伝統・文化」再発見

松藤 司 著

A5判　176ページ　定価:2100円(税込)

日本の「伝統・文化」はこんなに面白い!!

日本の文化を教えてください!……と外国人に問われたら?

日本の文化を知らない大人が増えている! 日本の素晴らしい伝統・文化を多くの人々、とりわけ日本の未来を担う子どもたちや学生に伝えていくために、日本のすべての教員や大人にとって必読・活用の書。未来を担う子どもたちや学生に伝えよう!